AF368198

Das System
SCIENTOLOGY

Eine Analyse und ein Vergleich
ihrer religiösen Systeme und Lehren

BRYAN R. WILSON

Emeritiertes Mitglied der Universität Oxford

Das System
SCIENTOLOGY

Eine Analyse und ein Vergleich
ihrer religiösen Systeme und Lehren

Fundación para la Mejora de la Vida, la Cultura y la Sociedad, eine NGO, die seit 2019 einen besonderen beratenden Status beim Wirtschafts- und Sozialrat der Vereinten Nationen hat.

ISBN 978-84-122470-9-1

Herausgegeben und veröffentlicht von Forb.Press

INDEX

I. Die Vielfalt der Religionen und die Probleme einer Definition

I. I. Elemente der Definition von Religion

Es gibt nicht eine einzige endgültige Definition des Begriffs Religion, die von Wissenschaftlern generell akzeptiert wird. Unter den vielen vorgeschlagenen Definitionen gibt es jedoch eine Anzahl von Elementen, auf die häufig Bezug genommen wird. Diese Elemente treten in verschiedenen Kombinationen auf und umschließen:

(a) Glaubensvorstellungen, Praktiken, Beziehungen und Institutionen mit Bezug auf:

1) übernatürliche Kräfte, Wesen oder Ziele;
2) eine höhere unsichtbare Macht oder Mächte;
3) das höchste Anliegen des Menschen;
4) heilige Dinge (an eigens dafür vorgesehenen Orten und tabu);
5) ein Objekt zum Zwecke der spirituellen Hingabe;
6) eine Kraft, die das Schicksal der Menschheit bestimmt;
7) den Seinsgrund;
8) eine Quelle von transzendentem Wissen und Weisheit;

(b) Praktiken, die Gehorsam, Verehrung oder Anbetung darstellen;

(c) der kollektive- oder Gruppencharakter des religiösen Lebens.

Auch wenn die jeweiligen Verursachungen oder Anlässe selten Eingang in die Definitionen der Religion finden, so wird doch manchmal auf eine „erfahrene Begegnung mit dem Geistigen" hingewiesen. Die Konsequenzen und Funktionen von Religion werden wie folgt angegeben:

(a) Wahrung einer sittlichen Gemeinschaft;

(b) Verleihung einer Gruppen- und/oder individuellen Identität;

(c) ein Orientierungsrahmen;

(d) ein menschengerecht konstruiertes Universum mit Sinn und Zweck;

(e) Zusicherung von und Beruhigung hinsichtlich der Aussicht auf Hilfe und Erlösung.

Religion ist stets normativ. Da sich jedoch jede Religion von anderen unterscheidet, versuchen moderne Experten in Religionssoziologie und vergleichender Religionswissenschaft, das Normative zu erörtern, ohne sich selbst daran zu binden. Die Verschiedenartigkeit der Glaubensvorstellungen, Praktiken, Rituale und der Organisationsstrukturen ist jedoch so breit gefächert, dass jegliche Definition der Religion mit dem Versuch, alle bekannten religiösen Manifestationen einzuschließen, überfordert ist.

I. II. Die ursprüngliche Verwendung des Begriffes

Der Begriff „Religion" wurde in der Vergangenheit oft mit direkten Manifestationen von Glaubensvorstellungen und Praktiken der westlichen Welt gleichgestellt. Es wurde allgemein angenommen, dass – abgesehen von Christen, Juden und Muslimen – andere Menschen keine Religion im eigentlichen Sinne hätten. Sie waren „Heiden". Theologen tendierten bei der Verwendung des Begriffs „Religion" dazu, das Christentum zu meinen, und in England wurde unter „Christentum" meist speziell das Glaubensbekenntnis verstanden, das von der Church of England offeriert wurde.

Diese begrenzte Verwendung des Begriffs verlor sich jedoch zunehmend und in dem Maß, wie das Wissen um die östlichen Glaubenssysteme wuchs und die Religionswissenschaft die engen normativ vorgeschriebenen Schranken der traditionellen christlichen Theologie hinter sich ließ. Heute ist Religion das Studienobjekt akademischer Fachgebiete – insbesondere in den Sozialwissenschaften –, die objektiv und neutral an dieses Thema herangehen, ohne dass dies in irgendeiner Weise die Anhängerschaft zu einer bestimmten Religion oder die Bevorzugung einer Religion gegenüber einer anderen implizieren würde.

I. III. *Kulturbedingte Vorurteile und die Definition von Religion*

Die Schaffung einer kompromisslosen Neutralität auf dem Gebiet der Religionswissenschaft ging jedoch nur langsam vonstatten. Einige zeitgenössische Studien auf dem Gebiet der vergleichenden Religionswissenschaft offenbaren immer noch offensichtliche Vorurteile. Selbst in den Sozialwissenschaften, die der wertfreien Forschung explizit verpflichtet sind, zeigen sich in den Arbeiten zwischen den beiden Weltkriegen gewisse Vorurteile. Insbesondere wurde oft ungerechtfertigterweise angenommen, dass ein Prozess der religiösen Evolution analog zur biologischen Evolution stattgefunden habe und dass die Religion der technisch am weitesten fortgeschrittenen Nationen zwangsläufig „höherwertiger" sein müsse als die anderer Völker. Einige (besonders auffallend Sir James Frazier) waren der Auffassung, dass Religion einen Evolutionsschritt zwischen Magie und Wissenschaft darstelle.

I. IV. Heutige Verwendung des Begriffes

Zeitgenössische Sozialwissenschaftler und zunehmend auch Theologen verwenden den Begriff in einem neutralen Sinne, ohne die a priori Annahme, dass eine Religion wahrhaftiger sei als eine andere. Heutzutage geht man nicht davon aus, dass ein Glaube an einen Gott eine höhere Form der Religion darstelle als ein Glaube an mehrere oder keine Götter. Man akzeptiert die Tatsache, dass eine Religion einen anthropomorphen Gott, irgendeine andere Gottform, ein übermächtiges Wesen, eine Vielzahl von Geistern oder Ahnen, ein universales Prinzip oder Gesetz postulieren oder den höchsten Glauben in anderer Weise ausdrücken kann. Bestimmte christliche Theologen, wie zum Beispiel Bultmann, Tillich, van Buren und Robinson, verzichten auf traditionelle Gottesbeschreibungen und ziehen es vor, vom „Seinsgrund" oder dem „höchsten Anliegen" zu sprechen.

I. V. Begriffserweiterung

Nachdem Anthropologen zu der Feststellung gelangt waren, dass es offenbar keine einzige Völkergruppe gab, die nicht irgendeine Form übernatürlicher Glaubensvorstellungen hatte sowie Institutionen, die solche Glaubensvorstellungen förderten, zogen sie die Schlussfolgerung, dass es folglich – im erweiterten Sinn des Begriffs – keine Gesellschaft ohne Religion gibt. Mit dem Begriff „Religion" wurden schließlich Phänomene bezeichnet, die eher eine familiäre Ähnlichkeit als eine gemeinsame Gleichheit ausdrückten. Religion wurde somit nicht mehr in Begriffen definiert, die sich auf eine spezielle religiöse Tradition bezogen. Die konkreten auf das Christentum bezogenen Elemente, die ursprünglich als grundlegend für die Definition der Religion erachtet worden waren, wurden nunmehr einfach als Beispiele dafür angesehen, was eine solche Definition beinhalten könnte. Die Aufzählung dieser konkreten Elemente wurde durch abstrakte Formulierungen abgelöst, die verschiedene Arten von Glaubensvorstellungen, Praktiken und Institutionen einschlossen. Auch wenn diese weit entfernt davon waren, wirklich gleich zu sein, so konnten sie doch als funktionale Äquivalente angesehen werden. Nach diesem Verständnis wohnten jeder Gesellschaft Glaubensvorstellungen inne, die – ungeachtet ihrer Unterschiede – die bekannte empirische Wirklichkeit transzendierten; und in jeder dieser Gesellschaften fand man Praktiken, die dazu bestimmt waren, den Menschen in Kontakt oder in eine enge Beziehung mit dem Übernatürlichen zu bringen. In den meisten Gemeinschaften gab es Personen, die jene speziellen Funktionen ausübten, die mit der Erreichung dieser Zielsetzung verbunden sind. Zusammengenommen wurden diese Elemente schließlich als tragende Elemente einer Religion betrachtet.

I. VI. Religiöse Vielfalt in einfachen Gemeinschaften

Bei relativ kleinen, stammesgebundenen Gemeinschaften gibt es häufig sehr komplexe Riten und Mythen, die im Allgemeinen kein einheitlich intern integriertes und zusammenhängendes System darstellen. Religion ändert sich, und es gibt Zusätze sowohl im Mythos wie auch im Ritus durch die Kontakte eines Volkes mit Nachbarn oder eindringenden Völkern. Unterschiedliche Riten und Glaubensvorstellungen können in unterschiedlichen Situationen Anwendung finden (z. B. um Regen herbeizuführen, um die Fruchtbarkeit von Feldern, Tieren und Frauen sicherzustellen; um Schutz herbeizuführen; um Bündnisse zu festigen; als Einweihungszeremonie für bestimmte Altersgruppen oder Einzelpersonen usw.). Alle Aktivitäten dieser

Art sind auf übernatürliche Kräfte ausgerichtet (wie auch immer diese definiert sind) und werden von Wissenschaftlern als religiös angesehen.

I. VII. *Religiöse Vielfalt in fortgeschrittenen Gesellschaftsformen*

Die Kodizes religiöser Glaubensvorstellungen und Praktiken in technisch weiter fortgeschrittenen Gesellschaftsformen sind in der Regel sorgfältiger ausgedrückt und zeigen größeren inneren Zusammenhang und größere Stabilität. Elemente der Ungleichheit verbleiben aber auch in fortgeschrittenen Systemen. In keiner der großen Weltreligionen sind theologische Systeme oder die Schematisierung von Glaubensvorstellungen an das Übernatürliche vollständig kohärent. Unerklärte Überreste sind immer vorhanden. Des Weiteren finden sich auch Überreste früherer religiöser Ausrichtungen, wie z. B. Elemente religiöser Volksbräuche, die unter der allgemeinen Bevölkerung bestehen bleiben. Die heiligen Schriften aller Hauptreligionen zeigen innere Widersprüche und Ungereimtheiten. Diese und andere Quellen verursachen Differenzen unter Religionsspezialisten, die verschiedene und zum Teil unverträgliche Interpretationen und Prinzipien der Auslegung annehmen. Diese wiederum stellen den Nährboden verschiedener Ausrichtungen dar, selbst innerhalb dessen, was gängig als Orthodoxie bezeichnet wird.

I. VIII. Entwicklung eines religiösen Pluralismus

In fortgeschrittenen Gesellschaftsformen muss ein absichtliches und bewusstes Abweichen von der Orthodoxie als normales Phänomen betrachtet werden. Christen, Juden und Muslime sind sich uneinig, nicht nur innerhalb der Orthodoxie, sondern auch in abweichenden Gruppen, die jegliche Form der Orthodoxie ablehnen und eine andere Form der religiösen Praxis verfolgen (oder jegliche Art Religion kategorisch ablehnen). Solche Abweichungen sind am deutlichsten im Rahmen von Zusammenhängen sichtbar, bei denen es um die Ausschließlichkeit einer Religion geht – mit anderen Worten, wenn das Individuum aufgefordert wird, dass es als Anhänger einer bestimmten Religion die Bindung zu allen anderen Religionen aufgibt. Diese Art der Anbindung kommt in den jüdisch-christlich-islamischen Traditionen rigoros zur Anwendung. Nachdem europäische Regierungen damit aufgehört hatten, bestimmte Religionsformen vorzuschreiben, wurden abweichende religiöse Gruppen geduldet und es wurden ihnen auch bestimmte allgemeine Religionsprivilegien zugestanden. In vielen Fällen führte das dazu, dass sie die allgemeine Religionsfreiheit genossen, wie sie in den Vereinigten Staaten verfassungsrechtlich festgelegt ist. Diese Situation, die es gegenwärtig einer großen Anzahl von religiösen Bekenntnissen erlaubt, nebeneinander zu bestehen, ist allgemein als „religiöser Pluralismus" bekannt.

I. IX. Normative und neutrale Herangehensweise im Umgang mit Religion

Mit einer Religion gehen charakteristischerweise bestimmte Erzählungen (Mythen) und Lehren über das Übernatürliche einher, von denen erwartet wird, dass man an sie glaubt. Die Religion schreibt rituelle Praktiken vor. Sie unterhält Institutionen (in der allgemeinen Bedeutung geordneter Beziehungen, sei es auf einem elementaren, persönlichen Niveau oder als komplexes System von Verhalten, Verfahrensweisen und Besitzverwaltung). Manchmal sind auch moralische Verhaltensregeln vorgeschrieben, wobei jedoch die Strenge solcher Vorschriften und die damit verbundenen Sanktionen große Variationen aufweisen. Zumindest aber definiert Religion Verpflichtungen und verspricht – in Form von Vorteilen, die auf übernatürlichem

Wege zur Verfügung gestellt werden – Belohnung für diejenigen, die sich daran halten. Religion ist ein normatives System. Religiöse Lehrer („Theologen" im Christentum, wobei dieser Begriff für bestimmte andere Religionen unzutreffend ist) billigen und unterstützen notwendigerweise diese Normen. Im Gegensatz dazu betrachten Sozialwissenschaftler die durch eine Religion vertretenen Werte einzig als Tatsachen, wobei sie deren Wert oder deren Berechtigung weder unterstützen noch ablehnen. Diese Herangehensweise entspricht derjenigen von solchen Gesetzesformulierungen, die darlegen, dass das Gesetz einzelne Religionen nicht diskriminiert. Da Religion normativ ist und intellektuell hauptsächlich das Fachgebiet der Theologen darstellt, gibt es in allen fortschrittlichen Gesellschaftsformen ein Erbgut an gelernter Sprache im Bereich der Religion, die den normativen Stempel der jeweiligen religiösen Verpflichtung trägt. Es ist deshalb von äußerster Wichtigkeit, die durch eine solche Sprache implizierte Wertepräferenz zu vermeiden und stattdessen die neutrale Terminologie der Sozialwissenschaften anzuwenden, wobei man versucht, eine angemessene Feinfühligkeit gegenüber denjenigen aufrechtzuerhalten, die sich religiös betätigen.

I. X. „Entliehene" Nomenklatur

In der Vergangenheit wurden zur Definition und Beschreibung wesentlicher Religionselemente häufig Begriffe verwendet, die der religiösen Tradition derjenigen entliehen waren, die solche Definitionen und Beschreibungen formulierten. Es ist heute eine anerkannte Tatsache, dass die Verwendung von Begriffen, die einer bestimmten Religion zugeordnet sind, in jedem Fall die Darstellung anderer Religionen verzerrt und in aller Regel falsche Annahmen nach sich zieht. Vorstellungen, die sich im Rahmen einer bestimmten kulturellen und religiösen Tradition entwickelt haben, geben eine falsche Darstellung der funktionell äquivalenten, aber formal verschiedenen Elemente der Religion in einer anderen religiösen Tradition. Beispiele solcher unpassender Anwendung sind Bezugnahmen auf „die buddhistische Kirche", „das moslemische Priestertum" oder, im Falle der Dreifaltigkeit, „christliche Götter". Obschon Handlungen der Verehrung, Huldigung, Versenkung oder Hingabe allen fortschrittlichen Religionen zu eigen sind, haben gleichwohl Kommentatoren diese Handlungen nicht immer als Andachtshandlung oder Verehrung anerkannt, da dieser Begriff im westlichen Sprachgebrauch durch vorgefasste christliche Vorstellungen und Vorschriften bezüglich angemessener Verhaltensweisen und Aktionen sehr belastet ist. So gibt es zum Beispiel im Buddhismus den funktionellen Gegenpart zur Gestaltung der göttlichen Lenkung der Gläubigen im christlichen Gottesdienst, doch findet dieser in einer anderen Form statt und wird üblicherweise mit anderen Begriffen beschrieben. Deshalb ist es notwendig – will man Religionen Gleichbehandlung zukommen lassen –, abstrakte maßgebliche Begriffe zu wählen, um die Verschiedenheit religiöser Phänomene zu umfassen.

I. XI. Die innewohnende Schwäche der abstrakten oder objektiven Analyse

Dieser Gebrauch abstrakter Sprache, die als „nüchtern" in dem Sinne betrachtet werden könnte, dass sie nicht durch die besonderen Überlieferungen einer bestimmten Religion infiziert ist, wird jedoch notwendigerweise darin versagen, all die eigentlichen Qualitäten irgendeines speziellen Glaubensgebäudes zu erfassen. Sie ist aber eine Notwendigkeit, wenn eine Beurteilung erreicht werden soll. Durch sie werden weder die kognitiven noch die emotionalen Aspekte des Glaubens, der Rituale, des Symbolismus und der Institutionen voll ausgeschöpft. Diese sozialwissenschaftliche Herangehensweise ermöglicht objektive Vergleiche und Erklärungen, vermittelt aber nicht – und erhebt auch keinen solchen Anspruch – die volle Substanz der tieferen Bedeutung oder der emotionalen Anziehungskraft, die eine Religion für ihre Anhänger darstellt.

27

II. Religionsmerkmale

II. I. Hauptsächliche Charakteristika der Religion

Im Einklang mit den vorstehenden Überlegungen können wir nun die Hauptmerkmale der Religion in abstrakten und allgemeinen Begriffen aufführen. Das Nachfolgende erhebt keinen Anspruch darauf, eine universalgültige Definition zu sein. Vielmehr stellt es eine Aufzählung von Kennzeichen und Funktionen dar, die häufig in Religionen vorgefunden und als solche identifiziert werden. Dies sind die Folgenden:

a) der Glaube an eine wirkende Kraft (oder mehrere wirkende Kräfte), die die normale Sinneswahrnehmung transzendiert (transzendieren) und sogar eine vollständig postulierte Seinsordnung einschließen kann (können);

b) der Glaube, dass eine solche Kraft nicht nur die natürliche Welt und die Gesellschaftsordnung beeinflusst, sondern direkt darauf einwirkt und sie möglicherweise sogar erschaffen hat;

c) der Glaube, dass irgendwann in der Vergangenheit ein deutlicher übernatürlicher Eingriff in menschliche Angelegenheiten stattgefunden hat;

d) die Annahme, dass übernatürliche Kräfte die Geschichte und das Schicksal des Menschen überwacht haben: Wenn diese Kräfte anthropomorph dargestellt werden, wird ihnen gewöhnlich ein bestimmter Zweck zugeschrieben;

e) der vorherrschende Glaube, dass das menschliche Schicksal im Leben und im Leben nach dem Tod (oder in weiteren Leben) von der Beziehung abhängt, die mit diesen transzendentalen Kräften oder in Einklang mit ihnen hergestellt wird;

f) es wird häufig (aber nicht unbedingt) die Glaubensvorstellung vertreten, dass diese überweltlichen Kräfte willkürlich das Schicksal eines Menschen bestimmen, dass jedoch der Mensch durch sein Verhalten nach vorgeschriebener Weise seine Erfahrungen im weltlichen Leben oder im Leben nach dem Tod (oder in weiteren Leben) oder in beiden beeinflussen kann;

g) es gibt vorgeschriebene Handlungen für einzelne Personen, Gruppen oder repräsentative Darbietungen: Rituale;

h) Elemente günstig stimmender Handlungen bleiben bestehen (sogar in fortschrittlichen Religionen), durch die einzelne oder Gruppen speziellen Beistand von übernatürlichen Wesen erbitten;

i) Hingabe, Dankbarkeit, Huldigung oder Gehorsam werden von Gläubigen zum Ausdruck gebracht oder werden in gewissen Fällen von ihnen verlangt, gewöhnlich in Gegenwart symbolischer Darstellungen der übernatürlichen Kraft (Kräfte) des jeweiligen Glaubens;

j) Sprache, Gegenstände, Plätze, Gebäude oder Jahreszeiten, die besonders mit dem Übernatürlichen in Verbindung gebracht werden, werden als heilig angesehen und können selbst zum Objekt der Verehrung werden;

k) es gibt regelmäßige Darbietungen von Riten oder Ausführungen, Ausdrucksformen der Hingabe, Feiern, Fastenzeiten, kollektive Bußleistung, Wallfahrten und Neuinszenierungen von oder Gedenken an Episoden des weltlichen Lebens von Göttern, Propheten oder großen Lehrern;

l) Andachtshandlungen und die Ausführung der Lehren vermitteln ein Gefühl der Gemeinschaft und Beziehungen untereinander, die auf Wohlwollen, Freundschaft und gemeinsamer Identität aufgebaut sind;

m)   sittliche Regeln werden den Gläubigen häufig auferlegt, obschon das Gebiet ihrer Bedeutung verschieden sein kann: Sie können in rechtlichen und rituellen Begriffen ausgedrückt sein oder eher als Übereinstimmung mit dem Geist einer weniger spezifischen, höheren Ethik dargeboten werden;

n) die Ernsthaftigkeit der Zielsetzung, unterstützende Verpflichtung und lebenslange Hingabe sind normative Anforderungen;

o) je nach ihren Handlungen häufen Gläubige Verdienst oder Schuld an, die mit einem moralischen System von Belohnung und Bestrafung verbunden sind. Der präzise Zusammenhang zwischen Tat und Folge variiert. Er reicht von automatischen Wirkungen auf vorgegebene Ursachen bis hin zu dem Glauben, dass persönliche Schuld durch hingebungsvolle und rituelle Akte, durch Beichte und Reue oder durch das besondere Einschreiten übernatürlicher Kräfte annulliert werden kann;

p) gewöhnlich gibt es eine spezielle Gruppe von religiösen Amtsträgern, die als Verwalter von heiligen Objekten, Schriften und Plätzen fungieren – Spezialisten der Doktrin, des Rituals und der Seelsorge;

q) diese Spezialisten werden üblicherweise für ihre Dienste bezahlt, sei es durch Abgaben, Lohn für spezielle Dienste oder durch festgelegte Gehälter;

r) wenn Spezialisten sich der Systematisierung der Doktrin widmen, wird gewöhnlich der Anspruch erhoben, dass religiöses Wissen Antworten für alle Probleme bietet und den Grund und Zweck des Lebens erklärt, wobei dies häufig auch vorgegebene Erklärungen über den Ursprung und die Funktion der physikalischen Welt und der menschlichen Psychologie miteinschließt;

s) durch Bezugnahme auf Offenbarungen und Tradition wird Anspruch auf die Legitimität religiösen Wissens und religiöser Institutionen erhoben: Neuerung wird gewöhnlich als Restauration gerechtfertigt; und

t) Anspruch auf Wahrheit der Lehre und Wirksamkeit der Riten werden keinen empirischen Überprüfungen unterworfen, da die Ziele höchst transzendent sind und für die Ziele sowie auch die willkürlichen Maßnahmen, die zu deren Erreichen empfohlen werden, Glaube gefordert wird.

Die vorstehenden Aufzählungen sind nicht im Sinne einer Conditio sine qua non zu betrachten, sondern eher als

Wahrscheinlichkeiten: Es sind Phänomene, die empirisch häufig gefunden werden. Die obige Aufzählung kann als Wahrscheinlichkeitsinventar angesehen werden.

II. II. Unwesentliche Merkmale von Religion

Die vorstehende Bestandsaufnahme ist in Begriffen sehr abstrakter Verallgemeinerung ausgedrückt, aber tatsächliche Religionen sind historische Gebilde und keine logischen Konstruktionen.

Sie umfassen sehr verschiedene Organisationsprinzipien, Verhaltensregeln und Glaubensmuster. Vielfach ist es nicht leicht, eine allgemeingültige Formel zu finden, und wenn die (oft unbewusst) vorgefassten Meinungen der christlichen Tradition beiseitegelegt werden, wird klar, dass viele der konkreten Gebilde, die gemessen am christlichen Modell als Conditio sine qua non von Religion betrachtet werden könnten, sich in anderen Systemen de facto nicht auffinden lassen.

In der vorstehenden Bestandsaufnahme wurde jeglicher Bezug auf ein Höchstes Wesen unterlassen, da für Theravada-Buddhisten (und für viele Mahayana-Buddhisten), Jainisten und Taoisten der Begriff keine Gültigkeit hat. Verehrung oder Andacht, wie oben angeführt, hat im Buddhismus eine gänzlich andere Bedeutung, als sie es für den gläubigen Christen hat. Die Bestandsaufnahme nimmt keinen Bezug auf Glaubenssätze, die zwar besonders in der christlichen Tradition von Bedeutung sind, jedoch in anderen Religionen keine solche Wichtigkeit aufweisen. Die Seele wird nicht genannt, obschon dieser Begriff im orthodoxen Christentum von großer Bedeutung ist, da die Doktrin der Seele im Judentum etwas fraglich ist und von bestimmten christlichen Vereinigungen ganz abgelehnt wird (z. B. von den Siebenten-Tags-Adventisten und den Zeugen Jehovas – wobei jeder dieser Bewegungen Millionen von Gläubigen in der ganzen Welt anhängen – sowie von den Christadelphianern [Urchristen] und denjenigen Puritanern, einschließlich Milton, die als Moralisten bekannt waren). Sie enthält keine direkte Bezugnahme auf die Hölle in irgendeiner Bedeutung der im Christentum entwickelten Idee, da diese im Judentum fehlt.

Leben nach dem Tod wird im Singular und im Plural aufgeführt, um den zwei christlichen Ideen der Seelenwanderung und der Auferstehung gerecht zu werden sowie auch den etwas anderen

Darstellungen der Reinkarnation im Buddhismus und Hinduismus.

Keine dieser einzelnen Punkte kann als absolut notwendig für eine Definition der Religion an sich angesehen warden.

III. Nicht theistische Glaubenssysteme

III. I. Theismus ist kein wesentliches Merkmal der Religion

Es ist jenseits jeglicher Anfechtung, dass Theismus (d. h Monotheismus, Polytheismus und Pantheismus) kein wesentliches Merkmal von Religion ist. In der Tat betrachten sowohl Gelehrte als auch die laienhafte Öffentlichkeit gemeinhin Glaubenssysteme als Religionen, die eindeutig nicht-theistisch sind. Beispiele solcher Religionen sind unten aufgeführt.

III. II. Der Buddhismus – eine nicht-theistische Religion

Der Buddhismus ist kein theistisches Glaubenssystem, aber wird allgemein als eine Religion anerkannt, obwohl es deutliche Kontraste zum Christentum gibt. Während der Buddhismus die Existenz von Göttern nicht verleugnet, so wird diesen Wesen keine Rolle zugewiesen, die in irgendeiner Weise derjenigen eines Höchsten Wesens oder Schöpfers nahekommt. Sogar in den Religionsgemeinschaften Reines Land in Japan (Jodoshu und Jodoshinshu), bei denen es eine klare Verpflichtung gegenüber der Idee des Buddha selbst als Retter gibt, so gibt es im

Rahmen dieser Vorstellung nichts, das den Buddha als einen Schöpfergott ansieht.

III. III. Die Lehren des Theravada-Buddhismus

Theravada-Buddhismus wird oft als diejenige Tradition des Buddhismus betrachtet, die den ursprünglichen Lehren von Gautama Buddha am nächsten kommt. Seine Lehren haben wenig Ähnlichkeit mit den Thesen, die im Christentum oder anderen monotheistischen Religionen dargelegt werden. Keine der Lehren des Theravada-Buddhismus deuten auf die Existenz eines höchsten Wesens oder eines Schöpfergottes hin. Anstatt das Produkt eines Schöpfergottes zu sein, wird die phänomenologische Welt als etwas betrachtet, das ohne Substanz ist, und der Mensch wird für ebenso unbeständig gehalten, und es wird nicht geglaubt, dass er eine unsterbliche Seele habe. Alles Dasein ist durch Leiden gekennzeichnet, und der Impuls der buddhistischen Lehre ist, den Menschen von diesem Zustand zu befreien. Die gegenwärtigen Umstände des Menschen sind eine Folge seines Karmas, des Gesetzes von Ursache und Wirkung, demgemäß die Taten in vergangenen Leben fast vollständig die Erfahrung der späteren Leben bestimmen. Da Leben wie die Glieder einer Kausalkette sind, gibt es einen „bedingten Ursprung" im Hinblick auf jede

Wiedergeburt. Somit wird der Mensch nicht von einem Schöpfergott zum Leben erweckt, auch gibt es keine Vorstellung eines Retter-Gottes, da lediglich Erleuchtung es dem Menschen ermöglichen wird, sich von den Leiden der Kette von Wiedergeburten zu befreien. Jeder Mensch muss, unter der Anleitung religiöser Unterweisung, den Weg der Erleuchtung für sich selbst beschreiten. Der Buddhismus leugnet nicht das Vorhandensein von Göttern als solche, aber diese Wesen sind keine Objekte der Verehrung und sie erfüllen keine besondere Rolle. (Es sind Rückstände und Ablagerungen aus anderen religiösen Traditionen, die der Buddhismus aufgenommen hat.) Obwohl die Vorstellungen eines Schöpfergottes und eines Retter-Gottes, einer unsterblichen Seele und ewiger Bestrafung oder ewigem Ruhm im Theravada-Buddhismus alle fehlen, so wird dem Buddhismus ohne Weiteres und allgemeingültig der Status einer Weltreligion zuerkannt.

III. IV. Jainismus ist eine atheistische Religion

Jainismus ist eine anerkannte Religion in Indien und anderen Ländern, wo er praktiziert wird, und wird in der Regel auf der Liste der (gewöhnlich elf) großen Weltreligionen aufgeführt. Sir Charles Eliot schrieb darüber: „Jainismus ist atheistisch, und dieser

Atheismus ist als Regel weder apologetisch noch polemisch und wird als natürliche religiöse Einstellung akzeptiert." Die Jainas leugnen jedoch nicht die Existenz von Devas[1], Gottheiten, jedoch unterliegen diese Wesen genau wie die Menschen den Gesetzen der Seelenwanderung und des Verfalls, und sie bestimmen nicht das Schicksal des Menschen. Die Jainas glauben, dass Seelen individuell und unendlich sind. Sie sind nicht Bestandteil einer universalen Seele. Seelen und Materie werden weder erschaffen noch zerstört. Erlösung kann erreicht werden, indem man die Seele von fremden Elementen (Karmas) befreit, die sie niederdrücken – Elemente, die durch Handlungen der Leidenschaft vonseiten der Person Zugang zur Seele finden. Solche Handlungen verursachen Wiedergeburt unter Tieren oder unbelebten Substanzen; verdienstvolle Handlungen verursachen Wiedergeburt unter den Devas. Wut, Stolz, Betrug und Gier sind die Haupthindernisse zur Befreiung der Seelen, und indem der Mensch diesen widersteht oder erliegt, ist er Herr seines eigenen Schicksals. Indem er das Selbst unter Kontrolle bringt und keinem Wesen Schaden zufügt, und indem er ein asketisches Leben führt, kann er die Wiedergeburt als Deva erreichen. Die Regeln der

---

[1] Die Devas sind im Hinduismus und Buddhismus wohlwollende Gottheiten. Später wurden sie auch in den westlichen esoterischen Glauben assimiliert. देव in der Devanagari-Schrift. deva im AITS-System (internationales Alphabet der Sanskrit-Transliteration).

Moral für den frommen Glaubensanhänger bestehen darin, Freundlichkeit zu zeigen, ohne Hoffnung darauf, etwas zurückzubekommen; sich am Wohlergehen anderer zu erfreuen; danach zu trachten, das Leid anderer zu lindern, und Mitgefühl für den Kriminellen zu zeigen. Sich selbst zu demütigen vernichtet angesammeltes Karma.

III. V. Sankhya-Schule des Hinduismus – eine nicht-theistische Religion

Die Hindu-Religion bestätigt sechs antike und voneinander abweichende Schulen als orthodox. Eine von ihnen, Sankhya, ist weder theistisch noch pantheistisch. So wie der Jainismus lehrt auch Sankhya, dass Urstoff und die individuelle Seele beide unerschaffen und unzerstörbar sind. Die Seele kann befreit werden, indem sie die Wahrheit über das Universum kennt und Leidenschaft kontrolliert. In manchen Texten leugnet das Sankhya die Existenz einer persönlichen höchsten Gottheit, und in jedem Falle wird jeder Begriff einer Gottheit als überflüssig und potenziell in sich widersprüchlich angesehen, da das Wirken von Karma die Angelegenheiten des Menschen bis zu jenem Punkt beherrscht, an dem er selbst bestimmen kann, dass er Befreiung suchen sollte. Die vier Ziele des Sankhya sind denen des Buddhismus ähnlich: Leiden zu kennen, von denen sich der Mensch selbst befreien muss; eine Beendigung von Leiden herbeizuführen; die Ursache von Leiden (das Scheitern darin, zwischen Seele und Materie zu unterscheiden) wahrzunehmen; und die Mittel zur Befreiung zu erlernen, nämlich unterscheidendes Wissen. Wie auch andere Schulen lehrt das Sankhya das karmische Prinzip: Wiedergeburt ist die Folge der eigenen Handlungen, und Rettung ist der Ausweg aus dem Zyklus von Wiedergeburten.

III. VI. Der nicht-theistische Charakter des Sankhya

Sankhya umfasst eine Form von Dualismus, der nicht um die Existenz von Gott oder Göttern kreist. Dies ist nicht der christliche Dualismus von Gut und Böse, sondern eine rigorose Unterscheidung zwischen Seele und Materie. Beide sind unerschaffene, unendlich existierende Dinge. Die Welt resultiert aus der Evolution von Materie. Die Seele verändert sich jedoch nicht. Die Seele leidet wegen ihrer Gefangenschaft in Materie, dennoch ist diese Gefangenschaft eine Illusion. Sobald sich die Seele bewusst ist, dass sie nicht Teil der materiellen Welt ist, hört die Welt für diese spezielle Seele zu existieren auf, und sie ist frei. Gemäß der Theorie des Sankhya durchläuft Materie Entwicklung, Auflösung und Ruhe. Während Materie sich entwickelt, erschafft sie Intellekt, Individualität, die Sinne, moralischen Charakter, Willen und ein Prinzip, das den Tod überlebt und Seelenwanderung durchmacht. Durch die Verbindung mit der Seele wird der physische Organismus zum lebendigen Wesen. Nur in dieser Verbindung realisiert sich Bewusstsein; weder Materie für sich genommen noch die Seele für sich genommen ist bewusst.

Obwohl die Seele ein vitalisierendes Element ist, ist sie selbst nicht das Leben, das mit dem Tode endet, noch ist sie Leben, das von einer Existenz zu einer anderen übertragen wird. Obwohl sie selbst nicht handelt oder leidet, reflektiert die Seele das stattfindende Leiden, fast wie ein Spiegel reflektiert. Sie ist nicht der Intellekt, sondern eine unendliche und leidenschaftslose Entität. Seelen sind unzählig und unterschiedlich voneinander.

Das Ziel für die Seele besteht darin, sich von der Illusion und somit von der Gefangenschaft zu befreien. Sobald die Seele befreit ist, ist deren Zustand äquivalent mit dem Nirwana im Buddhismus. Eine solche Befreiung kann vor dem Tod geschehen, und die Aufgabe des Befreiten besteht darin, andere zu lehren. Nach dem Tod gibt es eine Möglichkeit völliger Befreiung ohne die Bedrohung der Wiedergeburt. Das Sankhya erhebt keine Einwände gegen den Glauben an populäre Gottheiten, aber diese sind nicht Bestandteil seiner funktionierenden Ordnung. Es ist die Kenntnis des Universums, welche Rettung hervorbringt. In diesem Sinne ist die Kontrolle der Leidenschaften wesentlich und nicht moralisches Verhalten.

Gute Arbeiten können nur eine niedrigere Form von Glücklichsein erzeugen. Auch ist Opferdarbringung nicht wirksam. Für das System der Dinge im Sankhya sind weder Ethik noch Rituale von großer Wichtigkeit.

III. VII. Die Unzulänglichkeit eines theistischen Kriteriums

Aus den vorangegangenen Beispielen religiöser Glaubenssysteme ist offensichtlich, dass der Glaube an ein höchstes Wesen oder jede Form von Theismus ein unzureichendes Kriterium für Religion ist.

Ungeachtet der zögerlichen, überholten Voreingenommenheit mancher christlicher Kommentatoren würde dieser Punkt generell unmittelbar von vergleichenden Religionswissenschaftlern und Religionssoziologen gebilligt werden.

Der Status einer Religion würde dem Buddhismus, Jainismus oder Hinduismus nicht verweigert werden, ungeachtet der Abwesenheit eines jeglichen Begriffs eines höchsten Wesens oder Schöpfergottes.

III. VIII. Der Fall des Taoismus

Der Taoismus wurde ebenfalls allgemein als eine Religion anerkannt und Lehrbücher der vergleichenden Religionswissenschaft schließen ihn normalerweise ein, trotz der Schwierigkeit, seine zentralen Glaubenssätze in einer zusammenhängenden Form vorzulegen.

Im Gegensatz zu Offenbarungsreligionen stützte sich der Taoismus auf Naturverehrung, Mystik, Fatalismus, politische Passivität, Magie und Ahnenverehrung. Er wurde jahrhundertelang offiziell als eine organisierte Religion in China anerkannt, mit Tempeln, Andacht und einem Priesterstand.

Er übernahm Vorstellungen von übernatürlichen Wesen, einschließlich des Jadekaisers, Laotse, Ling Po (Marschall übernatürlicher Wesen) und der acht Unsterblichen des chinesischen Volkstums, des

Stadtgottes, des Gottes des heimischen Herdes, um nur einige zu nennen, zusammen mit zahllosen Geistern.

Beim Taoismus fehlt jedoch ein höchster Schöpfer, ein Erlösergott der christlichen Art und eine gegliederte Theologie und Kosmologie.

IV. Religiöse Sprache und die Entwicklung der christlichen Theologie

DAS SYSTEM SCIENTOLOGY
Eine Analyse und ein Vergleich ihrer religiösen Systeme und Lehren

IV. I. Die Entwicklung religiöser Vorstellungen

Der Fall des Taoismus veranschaulicht die Tatsache, dass Religionen nicht voll entwickelt als Systeme des Glaubens, des Brauchs und der Organisation entstehen. Sie durchlaufen Entwicklungsprozesse in Bezug auf all diese Punkte, manchmal führt es dazu, dass sie Elemente umfassen, die völlig von früheren Auffassungen abweichen. Zum Beispiel waren sich einige Bischöfe der Kirche von England jahrzehntelang offen uneinig, was den Glauben an solche zentralen Lehren betrifft wie die jungfräuliche Geburt, die Auferstehung von Jesus Christus und die Wiederkunft Christi. Ein weiteres Beispiel ist der sich verändernde Begriff von Gott, wie er aus den jüdisch-christlichen Schriften hervorgeht, von den Stammesgottheiten der frühen Israeliten zu einem weitaus spiritueller erdachten und universellen Wesen in den Schriften der späteren Propheten und im Neuen Testament. Abgleichungen der unterschiedlichen Darstellungen der Gottheit gaben Anlass zu Streit innerhalb und zwischen Kirchen und Bewegungen im Christentum, und die grundlegenden Annahmen haben im Verlauf der christlichen Geschichte ständig gewechselt. Grundlegende Veränderungen im Hinblick auf den Begriff des christlichen Gottes ereignen sich sogar noch heute.

IV. II. Aktuelle theologische Neubeurteilung von Gott

Eine derart wichtige Gedankenströmung, die tiefgreifende Auswirkungen auf den Status des Christentums und einen gewissen Einfluss auf den vorliegenden Sachverhalt hat, ist die weithin umworbene Widerlegung der Vorstellung, dass es ein Höchstes Wesen von der Art gäbe, wie es traditionell von der christlichen Kirche gepriesen wird. Dieser Meinungsströmung, für die von einigen der bedeutendsten Theologen geworben wird, stammt insbesondere aus den Schriften von Dietrich Bonhoeffer und Paul Tillich. Für die gegenwärtigen Zwecke kann sie am besten aus der Sicht ihrer beliebtesten und einflussreichsten Darstellung erläutert werden. Im Jahre 1963 fasste der damalige (anglikanische) Bischof von Woolwich, J. A. T. Robinson, diese theologische Gedankenströmung in seinem Bestseller Honest to God zusammen. Der Bischof führte Argumente dafür an, die Vorstellung von Gott als ein persönliches Wesen, das „da draußen" existiert, aufzugeben, und stellte die ganze Idee des „Christlichen Theismus" infrage.

IV. III. Nachweis für christlichen Atheismus – Robinson

Die folgenden Auszüge machen deutlich, in welchem Ausmaß der Bischof und seine Kollegen von den traditionellen Annahmen bezüglich Monotheismus abgewichen sind, wie er sowohl vom Laientum als auch dem Gesetz gepflegt wird.

Der Bischof zitierte Bonhoeffer zur Unterstützung seiner Argumente wie folgt:

> Der Mensch hat gelernt, in allen wichtigen Fragen mit sich selbst fertig zu werden, ohne die Zuhilfenahme der ‚Arbeitshypothese: Gott'. Bei Fragen bezüglich Wissenschaft, Kunst und sogar Ethik ist dies eine selbstverständliche Sache geworden, die man schwerlich zu kippen wagt. Aber etwa während der letzten hundert Jahre ist es auch für religiöse Fragen zunehmend wahr gewesen: Es wird offensichtlich, dass alles ohne ‚Gott' zurechtkommt, genauso wie zuvor. (Seite 36)

Von Tillich zitiert der Bischof das Folgende:

> ... Sie müssen alles Überlieferte vergessen, das Sie über Gott gelernt haben, vielleicht sogar das Wort selbst. (Seite 47)

Wozu der Bischof hinzufügt:

> Wenn Tillich von Gott ‚mit Gedankentiefe‘ spricht, so spricht er nicht von einem anderen Wesen. Er spricht von ‚der unendlichen und unerschöpflichen Tiefe und dem Grunde allen Seins ...‘ (Seite 46)

Für sich selbst sagt der Bischof:

> ... wie er (Tillich) sagt, hat der Theismus, wie er normalerweise verstanden wird, ‚Gott zu einer himmlischen, völlig perfekten Person gemacht, die den Vorsitz über die Welt und die Menschheit hat‘ (Seite 39)... ich bin überzeugt, dass Tillich damit Recht hat, zu sagen, dass der Protest des Atheismus gegen eine solche höchste Person korrekt ist. (Seite 41)

Der Bischof zitiert den theologischen Laienschriftsteller John Wren-Lewis zustimmend:

> Es geht nicht nur darum, dass der alte Herr im Himmel lediglich ein mythologisches Symbol für den unendlichen Verstand hinter den Kulissen ist, auch nicht darum, dass dieses Wesen eher gütig als furchtbar ist: Die Wahrheit ist, dass diese ganze Art des Denkens falsch ist, und wenn ein solches Wesen existieren würde, wäre es der Teufel selbst. (Seiten 42–43)

Während der Bischof diesen Punkt unterstreicht, sagt er Folgendes:

> Wir sind letztendlich nicht besser dazu in der Lage, die Menschen von der Existenz eines Gottes ‚da draußen' zu überzeugen, bei dem sie vorbeischauen müssen, um ihre Leben zu bestellen, als dass wir sie überzeugen könnten, die Götter des Olymps ernst zu nehmen. (Seite 43)... zu sagen, dass ‚Gott persönlich ist', heißt zu sagen, dass Persönlichkeit von höchster Bedeutung in der Grundordnung des Universums ist, dass wir in persönlichen Beziehungen die letzte Bedeutung des Daseins wie nirgendwo anders berühren. (Seiten 48–49)

Zwischen Realität und Existenz unterscheidend, wie Theologen es tun, behauptete der Bischof, dass Gott äußerst real sei, er aber nicht existiere, denn um zu existieren, müsste er endlich in Zeit und Raum und somit Bestandteil des Universums sein.

IV. IV. Nachweis für christlichen Atheismus – van Buren

Im selben Jahr, 1963, schrieb Paul van Buren, ein amerikanischer Theologe, Die außerkirchliche Bedeutung des Evangeliums, die auch Bonhoeffers Begriff eines „religionslosen Christentums" bewarb, d. h., dass das Christentum keine Religion sei. Noch stärker als Robinson forderte van Buren, dass das Christentum nicht mehr so verstanden werden sollte, dass es in irgendeiner Weise einem Glauben an Gott verpflichtet sei. Er schlug vor, dass alle theologischen Hinweise auf Gott eliminiert werden. Er unterstrich, dass der „… einfache reine Theismus falsch ist und dass der qualifizierte reine Theismus bedeutungslos ist" (Seite 100). Andererseits könnte man weiterhin an der Menschlichkeit des Menschen Jesus festhalten: „… die Angelegenheit seiner Göttlichkeit mag zerfallen, wo sie zerfallen mag." Christlicher Atheismus war die Bezeichnung für die Theologie, die von van Buren dargelegt wurde. Die Evangelien waren nicht über Gott, sie waren über Jesus, und Jesus sollte als ein Mensch anerkannt werden. Somit wurde jeglicher Anspruch darauf, dass das Christentum eine Religion mit einem Engagement für ein Höchstes Wesen sei, von Professor van Buren aufgegeben, so wie solche Behauptungen auch von den Theologen der gegenwärtigen Schule des „Todes Gottes" aufgegeben wurden, die eine andere aktuelle theologische Gedankenströmung repräsentierten.

IV. V. Die Neubewertung von Jesus

Die Neu-Interpretation des Neuen Testaments und der Person Jesu war in theologischen Kreisen ebenfalls im Gange, sicherlich seit der Zeit von Albert Schweitzer, der im Jahr 1906 eine Arbeit unter dem Titel Die Suche nach dem historischen Jesus veröffentlichte. Schweitzer zeigte Jesus als einen jüdischen Propheten mit etwas irrigen Ideen und in hohem Maße ein Geschöpf seiner Zeit.

Ein radikalerer Prozess einer kritischen „Entmythologisierung" wurde von Rudolf Bultmann vorgenommen, der in den frühen 1940er-Jahren zeigte, wie vollkommen die Evangelien den Mythen unterlagen, die zu der Zeit, als sie geschrieben wurden, vorherrschten. Er fuhr fort zu demonstrieren, wie wenige der Vorstellungen, die in den Evangelien verwendet wurden, von einem Menschen des 20.

Jahrhunderts akzeptiert werden können. Bultmann selbst strebte danach, eine Botschaft für die Menschheit aus dem Neuen Testament zu bewahren, sehr im Sinne der deutschen existentialistischen Philosophie. Das Christentum wurde zu einer Anleitung für das moralische Leben des Einzelnen, aber es war als Wissensgebäude über Gottes Schöpfung und seine Kontrolle über die Welt nicht mehr glaubwürdig. Die zunehmende Wirkung von Bultmanns Werk bestand darin, neue Zweifel über die traditionelle Behauptung zu wecken, dass Jesus Gott im Fleische sei. Die gesamte christliche Kirchenlehre erschien nun zweifelhaft. Der historische Relativismus dieses Ansatzes fand weiteren Ausdruck in einem Werk mit dem Titel The Myth of God Incarnate (dt. Der Mythos vom Mensch gewordenen Gott) (herausgegeben von Professor John Hick), veröffentlicht im Jahre 1977, in welchem eine Reihe der bedeutendsten anglikanischen Theologen die traditionelle Sichtweise von Chalcedon im Hinblick auf die Beziehung zwischen Gott und dem Menschen Jesus diskutierten. Moderne Theologen fanden es schwierig zu glauben, dass Gott auf die Weise zum Menschen geworden sei, wie es die christliche Lehre in den vergangenen fünfzehn Jahrhunderten versicherte.

IV. VI. Das Christentum sagt, es sei keine Religion

Diese diversen Strömungen theologischer Debatten – die in Erwägung gezogene Ablehnung der Vorstellung eines persönlichen Gottes, der Verzicht auf Theismus, der neue Nachdruck auf dem Relativismus der Bibel und die Infragestellung akzeptierter Vorstellungen des Wesens von Christus und seiner Beziehung zur Göttlichkeit –, all das läuft auf eine heftige Abweichung von dem allgemein akzeptierten Verständnis des Christentums hinaus. Das Christentum, das in Europa so lange das unbedingte Modell für die Vorstellung davon war, wie eine Religion erwartungsgemäß sein sollte, erklärte nun, selbst keine Religion zu sein. Auf diese Weise wurden die Kriterien, nach denen Religion zuvor definiert worden war, nun in Frage gestellt.

DAS SYSTEM SCIENTOLOGY
Eine Analyse und ein Vergleich ihrer religiösen Systeme und Lehren

V. Die sozialen und moralischen Funktionen der Religion

DAS SYSTEM SCIENTOLOGY
Eine Analyse und ein Vergleich ihrer religiösen Systeme und Lehren

V. I. Kontemporäre Religion und sich verändernde gesellschaftliche Funktionen

Wir wenden uns von den konkreten Elementen, die von der traditionellen, aber scheinbar überholten christlichen Vorstellung darüber stammen, was eine Religion ausmachen könnte, kurz den Merkmalen einer Religion zu, wie sie in den nicht-normativen soziologischen Studien über das Thema hervorgehoben werden. Während die Sozialwissenschaftler die Wichtigkeit des bedeutenden Anliegens in Bezug auf das Übernatürliche (oder Super-Empirische) nicht ignorieren, betonen sie die Funktionen, die von den Religionen erfüllt werden. Eine Religion erschafft, verstärkt oder fördert soziale Solidarität in der Gruppe und versorgt diese Gruppe mit einem Gefühl der Identität. Sie versorgt sie in den Worten von Peter Berger mit „einem menschlich konstruierten Universum von Bedeutung", das zu einem geistigen und moralischen Rahmen wird, im Lichte dessen Ideen und Handlungen beurteilt werden können. Wenn Religion auch zwangsläufig – angesichts der Entwicklung der Wissenschaft – bestimmte Theorien der Erschaffung und Kosmologie aufgibt, bietet sie doch weiterhin eine Erklärung dafür, welche Zielsetzungen dem

Universum und dem Leben eines Menschen innewohnen.

V. II. Moderne Religion und die Ethik der Verantwortlichkeit

Während die allgemeine Bevölkerung der westlichen Welt in den Genuss von mehr Bildung kam, tendierten moderne Religionen dazu, die Doktrinen über Gott, Schöpfung, Sünde, Inkarnation, Auferstehung usw. weniger zu betonen und mehr Nachdruck auf Dinge zu legen wie beispielsweise eine Ethik der gesellschaftlichen und persönlichen Verantwortung, die Versorgung mit einem höchsten Sinn und höchsten Ziel, die Quelle persönlicher Anleitung und den Weg zu persönlicher Erfüllung in dieser Welt.

V. III. Moderne Religion und Interesse an sozialen Problemen

Erhöhtes Interesse im Hinblick auf Seelsorge nahm seinen Anfang Mitte des 19. Jahrhunderts in Großbritannien, aber jetzt manifestiert es sich in vielen neuen Formen spezialisierter Seelsorge, wie z. B. industrieller Seelsorge und Arbeit in Krankenhäusern und Gefängnissen und in spezialisierter Beratung, zum Beispiel in Bezug auf Anleitungen in der Ehe, christliches Heilen und Arbeit für Drogenabhängige und potenzielle Selbstmörder. Rat in Bezug auf physische und psychische Gesundheit, sexuelle und familiäre Probleme, in Bezug auf Beziehungen in der Ausbildung und bei der Arbeit gehört in einem großen Teil der religiösen Literatur vieler Konfessionsgemeinschaften bereits beinahe zum Grundstock, und das ist in relativ kürzlich etablierten Kulten und Konfessionsgemeinschaften deutlich zu sehen.

V. IV. Moderne Religion und Verbesserung der Lebensqualität

In einigen neuen religiösen Bewegungen ist der Anspruch, Menschen einen Sinn und ein Ziel im Leben zu geben, zu einem Hauptaugenmerk geworden. Solche Bewegungen stellen im Allgemeinen ein umfassendes und oft komplexes System der Metaphysik zur Verfügung, innerhalb dessen ihre Anhänger intellektuelle Antworten auf Fragen finden, die ihnen ein höchstes Anliegen sind. Solche Bewegungen umfassen Theosophie, Anthroposophie, die Gurdjieff-Bewegung, Kosmon Faith und New-Thought-Bewegungen. Da der Schwerpunkt in der heutigen Gesellschaft sich von der Sorge um das Jenseits verschoben hat, betonen nun neue Bewegungen (und in gewissem Maße ältere etablierte Kirchen) Aktivitäten und Zielsetzungen, die „diese Welt" betreffen, und allgemeiner Ziele der „Verbesserung der Lebensqualität". Die Askese in Religionen, die in einer Welt der Knappheit und Naturkatastrophen entstanden sind, entspricht weniger einer Gesellschaft, in der es erhöhten Überfluss und viel umfassendere soziale Planung gibt, um natürliche und soziale Katastrophen auszuschließen oder zu entschärfen. Die zeitgenössische Währung hedonistischer Werte in der säkularen Gesellschaft spiegelt sich in der Religion wider, und neue Religionen sind ausdrücklich bestrebt, den Menschen bessere Lebenserfahrungen zu ermöglichen. Eine Betonung des positiven Denkens wurde in Amerika in den 1940er-Jahren sehr aktuell.

Psychologische Techniken zu erhöhter Selbstkontrolle, Selbstverbesserung, wiedererwachte Motivation und eine weitreichendere Fähigkeit zu spiritueller Bereicherung sind Teil des Repertoires vieler religiöser Bewegungen geworden, während sich die Gesellschaft von der Befürwortung sündenbeladener Theologien wegbewegt hat, welche einstmals der Leitgedanke christlicher Lehren waren.

V. V. Das Verhältnis von Religion und Moral

Viele Religionen schreiben Regeln vor, die zu größerem oder geringerem Maße spezifiziert wurden, um von Anhängern eingehalten zu werden. Ihr Charakter, der Eifer, mit dem sie vorgeschrieben werden, und die Strenge der damit verbundenen Sanktionen sind sehr verschieden. Im Judentum bestimmen Regeln kleine Details des Rituals und viele Eventualitäten des täglichen Lebens. Im Islam beeinflussen religiöse Regeln die verschiedenen Situationen des Lebens und bieten ein System einer gesetzlichen Regelung für die Gesellschaft. Anderswo leiten sich moralische Vorschriften nicht ausdrücklich von religiösen Wurzeln her – wie im Falle der japanischen Gesellschaft. Es gibt keine normale Beziehung zwischen einem System religiöser Lehre und einem Moralkodex. Die Verbindung von Religion und Moral im Christentum ist ein bestimmtes Muster von Beziehung, aber dieses Muster ist nicht typisch für andere religiöse Systeme und es kann nicht als ein notwendiges Modell für eine solche Beziehung angenommen werden.

V. VI. Der Buddhismus und Moral

Zum Beispiel gibt es im Theravada-Buddhismus Vorschriften für Mönche und ein paar allgemeine

Regeln, welche den Laien eindringlich ermahnen. Ein Buddhist ist verpflichtet, nicht zu töten, zu stehlen, zu lügen, keine unrechtmäßigen sexuellen Handlungen zu begehen und keine berauschenden Getränke zu sich zu nehmen. Der Buddha gab moralischen Rat bezüglich Pflichten im Haushalt, dem Verhalten gegenüber Freunden und der Fürsorge für den eigenen Ehepartner, aber dies sind Ermahnungen im Hinblick darauf, was man sozialen gesunden Menschenverstand nennen könnte. Der Einzelne muss umsichtig, sparsam, fleißig, fair gegenüber Bediensteten sein und sich diejenigen als Freunde auswählen, die ihn von Fehlverhalten abhalten und ihn zu richtigem Verhalten ermahnen werden. Diese Tugenden werden als aufgeklärtes Selbstinteresse auferlegt; sie werden nicht mit der Vorstellung von Sünde, wie sie im Christentum beworben wird, übernommen. Die Missachtung dieser Tugenden führt keine besonderen Strafen herbei, außer in dem Sinne, dass sie schlechtes Karma schafft. Es zu vermeiden, Böses zu tun, ist im Buddhismus eine Sache des aufgeklärten Eigeninteresses (zumindest auf lange Sicht). Religion an sich schreibt keine Sanktionen vor. Es gibt keine zornige Gottheit. Da Handlungen jedoch so erachtet werden, dass sie den Status in einer künftigen Reinkarnation bestimmen, sind gute Taten ratsam, entsprechend dem achtfachen Pfad der Erleuchtung, da sie zu Wiedergeburten unter besseren Umständen führen werden, und mutmaßlich zu der letztendlichen Transzendenz aller Wiedergeburten und dem Erreichen von Nirwana. Während der Buddhismus sicherlich für ethische Werte wirbt, wird dem Einzelnen beträchtliche Freiheit in seinem moralischen Verhalten gelassen, und er ist nicht moralischem Tadel ausgesetzt, wie er in christlichem Zusammenhang verbreitet war.

V. VII. Das Christentum und Moral

Im krassen Gegensatz dazu gehört zum traditionellen Christentum zusätzlich zu seinen verschiedenen Stufen ethischer Lehren ein ausgeklügelter Kodex von Verboten, deren Überschreitung als Sünde gilt. Die minimalen Gebote des frühen Judentums im Hinblick auf größere Vergehen wurden durch Vorschriften von einem viel ermahnenderen Tenor ergänzt, insbesondere im Hinblick auf Sexualität, und dies sowohl von Jesus als auch von Paulus. Es gab dort ebenfalls Ratschläge zur Perfektion von möglicherweise unrealisierbarer Art („Seid daher perfekt", und spezifischer, Befehle, seine Feinde zu lieben, „siebenundsiebzig" Mal zu vergeben, die andere Wange hinzuhalten usw.). Aber es war in Verbindung mit dem Begriff von Sünde, dass das Christentum begann, einen strengen Moralkodex auszuarbeiten. Der Mensch wurde als von Natur aus sündig angesehen, ein furchtbarer Zustand, aus dem nur die beispielhafte Tugend und das übermenschliche Opfer Christi ihn erlösen konnten. Die Fehler, die im Alten Testament aufgezeigt wurden (Unterlassungen im Ritual, falsche Motivation, Ungerechtigkeit, Götzenverehrung, Ungehorsam gegenüber Gott) wurden erweitert zu Fehlern in der Verantwortung und grundlegenden Mängeln im menschlichen Charakter und Gewissen. Obwohl das erschaffene Universum von Augustin nicht als von Natur aus sündig angesehen wurde, so war der Mensch sündig, und der Charakter von Sünde war im Wesentlichen, dass sie einen Mangel bewirkte. Diese Sichtweise prägte den mittelalterlichen Katholizismus.

Die Einrichtung der Ohrenbeichte, die Entwicklung eines aufwändigen Verfahrens für Bußen und später die Ausarbeitung des Konzepts des Fegefeuers wies auf die Strenge hin, mit der Sünde betrachtet wurde. Aber während der Katholizismus, obwohl er sich energisch gegen Sünde aussprach, nichtsdestoweniger die Schwäche der Menschheit erkannte und ihr einen Gefallen durch die Einführung der Beichte erwies, so lehnte der Protestantismus dieses Mittel zur Befreiung von Schuld ab. Der Kalvinismus intensivierte die persönliche Qual von Sündern und ihm wird zugeschrieben, ein System der Theologie entwickelt zu haben, das zur Verinnerlichung moralischer Kontrolle und zu einer verbesserten Gewissensbildung geführt hat.

V. VIII. Veränderungen in der christlichen Einstellung zu Sünde

Erst im 19. Jahrhundert begann die christliche Konzentration auf Sünde nachzulassen. Im Verlauf dieses Jahrhunderts ist die christliche Konzentration auf Hölle und Verdammnis stetig zurückgegangen, aber inzwischen hatte die säkulare Moralität einen autonomen Einfluss auf das öffentliche Leben bekommen. Im 20. Jahrhundert wurde die Heftigkeit der viktorianischen Moralität stetig gemäßigt, bis in den 1960er-Jahren die strengen Anforderungen, speziell auf dem Gebiet sexuellen Verhaltens, der moralischen Nachgiebigkeit Platz machten. Somit ist es offensichtlich, dass das postulierte Modell der Beziehung zwischen Religion und Moralität selbst im Falle des Christentums nicht annähernd konstant ist. Auch tritt dieses Maß an Vielfalt nicht nur im Laufe der Zeit auf. Es kann auch unter zeitgenössischen Konfessionen veranschaulicht werden. Die moralischen Einstellungen, die man unter den heutigen Protestanten findet (die in mehreren Glaubensgemeinschaften zu finden sind, einschließlich der Church of England), konzentrieren sich in vielen Bereichen des

Verhaltens weiterhin stark auf persönliche Sünde. Im Gegensatz dazu ist die Vorstellung von Sünde unter vielen liberalen Kirchenmännern beinahe veraltet, einige von ihnen weisen gänzlich die Ansprüche eines absoluten Moralkodex ab, wie er traditionell von christlichen Kirchen angenommen wurde, und bevorzugen Engagement für Situationsethik, deren Auswirkungen häufig zu den erhaltenen christlichen Moralregeln radikal im Widerspruch stehen müssen. Eine weitere, ganz andere Einstellung wird bei der Christian Science angetroffen, wobei Sünde lediglich als Fehler betrachtet wird, der von einer falschen Auffassung der Realität herrührt und zusammen mit Krankheit beseitigt werden kann, so glauben die Christian Scientists, und zwar durch einen Wechsel von materiellen zu spirituellen Denkmethoden.

V. IX. Sakramentale und priesterliche Aspekte des Christentums

Religiöse Überzeugungen und Werte finden gewöhnlich Ausdruck in Form von Symbolen, festgesetzten Verfahren und Institutionen, wie in Paragraph II. I. oben angegeben. Die Form solcher Symbole, Verfahren und Institutionen variiert jedoch sehr, und nochmals: Das von den christlichen Kirchen zur Verfügung gestellte Modell – ein Modell, das in einer christlichen Gesellschaft so leicht angenommen wird – ist ein unzureichender Leitfaden für andere Glaubensrichtungen. Das Christentum selbst bietet eine breite Vielfalt von Ausdrucksformen. Das sind mehr als bloß zufällige Unterschiede, die durch Ästhetik oder einfache Bequemlichkeit diktiert werden. Die Unterschiede sind oft selbst Dinge tiefster Überzeugung, die den Kern religiösen Glaubens durchdringen. Die größeren religiösen Traditionen der Welt manifestieren weit voneinander abweichende Orientierungen, von Priestertum, Verrichtung von Opfern und Sakramentalismus, reichlich sinnliche Hilfsmittel zur Unterstützung des Glaubens (wie z. B. Weihrauch, Tanz und Symbolik) bis hin zu Askese und außerordentlicher Abhängigkeit von mündlichem Ausdruck und Gebet. Auf beide Extreme kann man im Hinduismus, Buddhismus oder Christentum treffen, während der Islam in seinem orthodoxen Ausdruck einheitlicher asketisch ist – seine ekstatischen Ausprägungen treten in den Randbereichen auf.

Es mag genügen, die vorherrschende Vielfalt innerhalb der christlichen Tradition zu schildern. Die römische Kirche repräsentiert in ihrer traditionellen Entwicklung die aufwändige Verwendung von audiovisuellen und Geruchseindrücken im Gottesdienst. Die katholische Liturgie hat – während sie der Verwendung von Tanz und Drogen abschwört, welche in anderen Religionen eingesetzt worden sind – aufwändige Rituale, Priestergewänder und Sakramente, eine Überfülle an Zeremonien, die den Kalender und die Hierarchie der Kirche und die Übergangsriten für Einzelpersonen kennzeichnen. Im krassen Gegensatz zum römischen Katholizismus steht die Quäkerreligion, in welcher der Begriff einer Priesterschaft, die Ausführung von Ritual (selbst die nicht-sakramentalen Abläufe von Gedenk-Ritualien, die in protestantischen Kirchen üblich sind) und der Einsatz von Symbolen oder Priestergewändern abgelehnt werden. Betonung auf hinreichende Laienaufführungen, die Ablehnung von Sakralität, seien es Gebäude, Orte, Jahreszeiten oder Zeremonien, und solcher Hilfsmittel wie Talismane und Rosenkränze sind in größerem oder geringerem Maße eine Eigenschaft protestantischer Religion. Evangelikale (unterschiedlicher Religionsgemeinschaften) lehnen den Gedanken einer Priesterschaft ab, und Quäker, Brüder, Christadelphians und Christian Scientists lehnen sogar bezahlte geistliche Ämter ab. Baptisten behalten die Taufe bei, und die meisten anderen Glaubensrichtungen behalten eine Zeremonie des Brotbrechens, aber häufig nur im Gedenken an die Heilige Schrift und deren Befolgung, nicht als Darbietungen mit irgendeinem ihnen innewohnenden Vorzug.

Die protestantische Religion hat das geschriebene Wort der Heiligen Schrift viel mehr betont als der katholische Glaube, manchmal sogar zu dem Preis, die Bibel selbst zu einem Fetisch werden zu lassen. Bräuche und Praktiken bestehen in allen Religionen fort, aber diese sind manchmal minimal, wie bei den Quäkern, die darauf bestehen, nur eine Zeit und einen Ort für ein Treffen festzusetzen, und im Versuch der Christadelphian-Gemeinden, alle Ämter und Status in einer Gemeinschaft zu vermeiden, in der alle in gleicher Weise dem Dienst an Gott verpflichtet sind.

DAS SYSTEM SCIENTOLOGY
Eine Analyse und ein Vergleich ihrer religiösen Systeme und Lehren

VI. Scientology kurz dargelegt

DAS SYSTEM SCIENTOLOGY
Eine Analyse und ein Vergleich ihrer religiösen Systeme und Lehren

VI. I. Die Scientology Kirche als neue Religion

Die Scientology Kirche ist eine unter mehreren neuen religiösen Bewegungen, die Merkmale beinhaltet, welche in gewisser Hinsicht mit einigen der Trends korrespondieren, die in der Hauptrichtung der westlichen Religionen erkennbar sind (wie in den vorausgehenden Abschnitten V.I.–V.IV. ausgeführt). Sie bedient sich einer zeitgenössischen, ungezwungenen und unmystischen Sprache und präsentiert ihre Glaubenssätze als objektive Fakten. Ihr Verständnis von Erlösung hat sowohl eine unmittelbare als auch eine endgültige Dimension. Durch den weiten Zuspruch, den sie in der Öffentlichkeit fortschrittlicher Länder gefunden hat, wurde sie zu einem Brennpunkt des Interesses bei Soziologen und anderen Wissenschaftlern, die sich mit neuzeitlichen Religionen beschäftigen.

VI. II. Meine Kenntnisse der Scientology

Ich begann im Jahre 1968, die von der Scientology Kirche veröffentlichte Literatur zu lesen, und habe sogar einmal eine Studie über diese Bewegung geplant. Ich habe diese Arbeit zwar dann nicht ausgeführt, aber doch weiterhin Scientology Literatur gelesen. Ich habe das Hauptquartier der Kirche in Saint Hill Manor in East Grinstead besucht und

Scientologen kennengelernt. Seit dieser Zeit bin ich mit der Bewegung in England in Verbindung und habe Saint Hill Manor und einer Scientology Kirche in London noch weitere Besuche abgestattet. Ich habe mir das große Interesse an der Entwicklung dieser Religion als einer von mehreren zeitgenössischen Religionen bewahrt, die für mich als Soziologe Gegenstand meines Interesses sind. Ich habe neben anderem Material eher vergänglicher Natur folgende Arbeiten gelesen, bei denen es sich ausschließlich um offizielle Veröffentlichungen handelt, die meist von L. Ron Hubbard geschrieben wurden:

- *Handbuch für Preclears*
- *Scientology 8-80*
- *Scientology 8-8008*
- *Einführung in das E-Meter*
- *Dianetics: Die Ursprüngliche These*
- *Dianetics: Der Leitfaden für den menschlichen Verstand*
- *Test des Gesamtzeitspur-Rückrufs*
- *Die Probleme der Arbeit*
- *Selbstanalyse*
- *Das Schaffen Menschlicher Fähigkeiten*
- *Die Phoenix-Vorträge*
- *Die Axiome der Scientology*
- *Fortgeschrittenes Verfahren und Axiome*
- *Scientology: Eine Neue Sicht des Lebens*
- *Das Wesen der Scientology*
- *Zeremonien der Scientology Kirche*

- *Einführung in die Scientology-Religion*
- *Die Wissenschaft des Überlebens*
- *Einführung in die Ethik der Scientology*
- *Der Weg zum Glücklichsein*
- *Beschreibung der Scientology Religion*
- *Was ist Scientology?*
- *Das Scientology Handbuch*

In von mir verfassten Arbeiten über neue Religionen habe ich mich gelegentlich auf Scientology bezogen und eine kurze Beschreibung dieser Religion in mein Buch Religious Sects (London: Weidenfeld, 1970) aufgenommen, sowie eine längere Abhandlung über den religiösen Charakter der Scientology in mein späteres Buch The Social Dimensions of Sectarianism (Oxford: Clarendon Press, 1990). Ich habe mein Interesse an der Bewegung in den vergangenen 26 Jahren aufrechterhalten.

VI. III. Dianetics – die Entstehung der Scientology

Als Mr L. Ron Hubbard im Mai 1950 erstmals die Lehre der Dianetics, aus der sich später die Scientology entwickelt hat, schriftlich niederlegte, nahm niemand an, dass es sich dabei um ein System religiöser Überzeugungen und Praktiken handelt. Dianetics, eine Abreaktions-Therapie, war nicht in der Sprache des Glaubens verfasst. Es besteht kein Grund zu der Annahme, dass Hubbard sich damals vorstellte, dass die Dianetics zu einem Glaubenssystem würde oder dass seine Anhänger sich einmal als Kirche bezeichnen und organisieren würden.

VI. IV. Geistige Heilung und Religion

Therapeutische Praktiken beinhalten jedoch oft das Potential, metaphysische und religiöse Bindungen einzugehen, wie – auf unterschiedliche Weise – bei der Christlichen Wissenschaft, der New-Thought-Bewegung und Yogatechniken zu sehen ist. Andererseits haben etablierte Religionen gelegentlich spezialisierte Aktivitäten entwickelt, die sich mit Heilung beschäftigen, insbesondere mit der geistigen Heilung. Größere Kirchen haben bisweilen Abteilungen eigens für diese Zwecke eingerichtet. Die Dianetics berief sich anfänglich nicht auf religiöse Prinzipien, aber als die theoretische Begründung für die Praxis an Umfang zunahm, wurde mehr und mehr eine metaphysische Dimension erkannt, und einige der dargelegten Konzepte wurden in Begriffen mit eindeutig religiöser Bedeutung beschrieben.

VI. V. Wie Religionen entstehen

Alle Religionen sind ein Produkt der Entwicklung. Niemals ist eine Religion als ein von Anfang an vollständig fertiges System von Glauben und Praktiken entstanden. Die Scientology ist hier keine Ausnahme: Aus einem Komplex therapeutischer Theorien hat sich eine Religion entwickelt. Man könnte auch schwerlich den genauen Zeitpunkt bestimmen, an dem das Christentum zu einer Religion geworden ist, das ja als lose Sammlung ethischer Ermahnungen und gelegentlicher Wunder begonnen hat, dann zu einer populären Bewegung unter den Galiläern wurde, sich allmählich zu einer jüdischen Sekte entwickelte und schließlich eine eigenständige Religion wurde. Selbst dann dauerte es noch Jahrhunderte, bis seine Lehrsätze vollständig formuliert waren, und seine Bräuche unterzogen sich weiterhin häufigen Änderungen. In den Bewegungen der jüngeren Vergangenheit ist der Prozess der Entwicklung zur Religion noch klarer erkennbar.

Die Ursprünge der Kirche der Siebenten-Tags-Adventisten gehen auf den unter Baptisten, Presbyterianern, Methodisten und anderen im Norden des Bundesstaates New York in den 30er-Jahren des 19. Jahrhunderts weit verbreiteten Glauben an die baldige Wiederkunft Jesu Christi zurück; die Kirche wurde erst im Jahr 1860 gegründet. Es vergingen auch mehrere Jahrzehnte, bis nach den ersten Klopf-Erlebnissen (der Fox-Schwestern) in Hydesville (es sollen Nachrichten aus der „Geisterwelt" gewesen sein) eine Spiritualisten-Kirche gegründet wurde. Und auch Mary Baker Eddy hatte vor ihrer „Entdeckung" der „geistigen Heilung" im Jahr 1866 jahrelang mit den verschiedensten Heilungssystemen experimentiert; und auch dann glaubte sie noch einige Jahre lang, dass ihr System eher in die großen Kirchen integriert werden würde, statt die Grundlage für die Kirche Christi, Wissenschaftler, zu werden, die sie im Jahr 1875 gegründet hat. Die Pfingstbewegung erfuhr ab dem Jahr 1900 die Gnadengaben des Redens in unbekannten Sprachen, der Prophezeiungen, Heilungen und anderer „Gaben", aber Pfingstbewegungskirchen bildeten sich nur sehr allmählich während der nächsten zwei Jahrzehnte. Keine dieser Bewegungen, die alle zu eigenständigen Religionen wurden, hat als solche begonnen – auch die Scientology nicht.

VI. VI. Scientology Lehre – Die Entwicklung der Metaphysik

Auch auf die Gefahr eventueller Wiederholungen hin ist es notwendig, eine allgemeine Zusammenfassung der Hauptlehren von Scientology zu geben und aufzuzeigen, inwieweit die Glaubensgrundsätze ein zusammenhängendes religiöses System darstellen. Die Scientology hat sich aus einem enger gesteckten therapeutischen System, der Dianetics, entwickelt. Es wurde angedeutet, dass diese Bezeichnung eine Zusammensetzung aus dia = „durch" und nous = „Geist" oder „Seele" ist, und daher, auch wenn anfänglich nicht voll bewusst, eine religiöse Perspektive darstellte. Mit der Aufnahme der Dianetics in den größeren Rahmen der Scientology wurde ein wesentlich breiteres Konzept eines umfassenden metaphysischen Systems zum Ausdruck gebracht, das die grundlegend religiöse Natur dieser Philosophie verdeutlichte. Während die direkte Anwendung der Dianetics – wie die Lehren Christi zu seinen Lebzeiten – im Bereich der geistigen Heilung lag, implizierte der Tenor der nachfolgenden Lehren, die diese therapeutische Aktivität erklärten und förderten, ein wachsendes Erkennen spiritueller Vorstellungen und Werte.

VI. VII. *Scientology Lehre – Der Thetan und der reaktive Verstand*

Das grundlegende Postulat der Scientology ist, dass der Mensch eine spirituelle Einheit ist, ein Thetan, der in aufeinanderfolgenden Leben unterschiedliche menschliche Körper bewohnt.

Im Thetan drückt sich Theta individuell aus. Unter Theta versteht man das Leben oder die Quelle des Lebens. Grob definiert ist der Thetan die Seele, aber er ist auch die wirkliche Person, die andauernde Identität, die fortbesteht und den Körper, den sie bewohnt, transzendiert. Der Thetan wird als immateriell und unsterblich betrachtet, oder zumindest als mit der Möglichkeit zur Unsterblichkeit und einem unendlichen schöpferischen Potential ausgestattet. Er ist nicht Teil des physikalischen Universums, aber er hat die latente Möglichkeit, dieses Universum zu kontrollieren, das aus Materie, Energie, Raum und Zeit (Matter, Energy, Space and Time = MEST) besteht. Man geht davon aus, dass die Thetans die materielle Welt hauptsächlich zu ihrem eigenen Vergnügen geschaffen haben (was man auch von der Erschaffung der Welt durch den christlichen Gott sagen könnte).

Der Glaube beinhaltet, dass die Thetans irgendwann vor langer Zeit zu Opfern ihrer eigenen Verstrickung in MEST und in ihm gefangen wurden, und ihrer eigenen Schöpfung erlaubt haben, ihre Fähigkeiten zu beschränken und ihren Handlungsbereich einzuschränken. Deshalb schöpft der Mensch in seinen Aktivitäten und Leistungen in der gegenwärtigen materiellen Welt bei weitem nicht sein volles Potential aus: Er wird durch unzählige vergangene Verstrickungen in MEST behindert und diese werden in einem reaktiven Verstand aufgezeichnet, der auf alles irrational und gefühlsmäßig reagiert, das schmerzhafte und traumatische vergangene Erfahrungen wachruft (die er erlitten oder anderen zugefügt hat). Der reaktive Verstand funktioniert dem Ausmaß an Kontrolle zum Trotz, die der Thetan über seinen Körper und seine Umwelt ausüben könnte, wenn er in der Lage wäre, seine wirklichen ursprünglichen geistigen Fähigkeiten wiederzuerlangen. Es wird zwar davon ausgegangen, dass der Mensch im Grunde gut ist und wünscht zu überleben, und auch dazu fähig ist, aber die Verwirkung seiner Fähigkeiten in der Vergangenheit hat ihn zu einer gefährdeten Spezies gemacht.

VI. VIII. *Scientology Lehre – Wiedergeburt und Karma*

Der scientologische Glaube besagt, dass die Thetans über Äonen hinweg unzählige Körper bewohnt haben. Scientology beinhaltet daher eine Theorie, die, auch wenn sie sich in Einzelheiten unterscheidet, wesentliche Annahmen mit der Theorie der Reinkarnation gemeinsam hat, die im Hinduismus und Buddhismus vertreten wird. Die Betonung der Bedeutung, die vergangene Handlungen auf das gegenwärtige (oder zukünftige) Leben haben, ähnelt dem Konzept des Karmas. „Overt-Handlungen" (schädliche Handlungen), die ein Aspekt der Verstrickung mit dem materiellen Universum sind, haben widrige Auswirkungen zur Folge. Das Ideal für den Thetan ist die Aufrechterhaltung rationalen Handelns und „ursächlich" zu sein, d. h., den Ablauf der Ereignisse in seiner direkten Umgebung zu bestimmen. Diese Vorstellung besitzt eindeutige Analogien mit dem östlichen Konzept der Schaffung guten Karmas für die Zukunft durch gute Taten, wenngleich die Scientologen diese Bezeichnungen oder Begriffe nicht verwenden. Geschehnisse in vergangenen Leben wirken sich auf die Gegenwart aus, aber durch die in der Scientology entwickelten Techniken können sie zurückgerufen und konfrontiert werden, und die spezifischen Ursachen von Problemen in der Gegenwart können in solchen Geschehnissen gefunden werden. Dies ist die Grundlage für die spirituelle Heilung, d. h. die Techniken bieten die Möglichkeit, die Auswirkungen des Karmas vergangener Handlungen zu verändern.

VI. IX. Scientology Lehre – Die Acht Dynamiken

Die Existenz kann der Scientology zufolge in acht verschiedenen Unterteilungen in einer aufsteigenden Größenordnung betrachtet werden, von denen jede als Dynamik bezeichnet wird. Kurz beschrieben sind diese: 1. die Selbst-Dynamik, der Drang des Selbst zur Existenz; 2. die Sex-Dynamik, die sowohl den Geschlechtsakt als auch die Familieneinheit und die Erhaltung der Familie beinhaltet; 3. der Wille zur Existenz, der in einer Gruppe oder einer Gemeinschaft gefunden wird, wie zum Beispiel einer Schule, Stadt oder Nation; 4. der dynamische Wille der Menschheit, ihre Existenz zu bewahren; 5. die Existenz und der Wille zum Überleben des gesamten Tierreiches, was alle Lebewesen umfasst; 6. der Drang zur Existenz des gesamten physikalischen Universums der Materie, der Energie, der Zeit und des Raumes; 7. „der Drang zur Existenz von geistigen Wesen oder als geistige Wesen", was alle spirituellen Phänomene mit oder ohne Identität einschließt, und schließlich die 8. Dynamik: Der Drang zur Existenz als Unendlichkeit. Diese Dynamik wird als Höchstes Wesen identifiziert; sie kann auch als „Gott-Dynamik" bezeichnet werden. Die Scientology befasst sich mit dem Überleben, und das Überleben jeder dieser Dynamiken wird als Teil des Ziels der Praktik von Scientology gesehen. Auch wenn sich ein Großteil der anfänglichen Praktiken der Scientology mehr auf den persönlichen spirituellen Nutzen für diejenigen (Preclears) konzentriert, die scientologische Hilfe suchen, muss doch jeder Scientologe letztendlich erkennen, dass sein gegenwärtiges Leben nur ein Bruchteil seiner fortdauernden Existenz als Thetan ist. Und er muss erkennen, dass das Leben des einzelnen mit jeder dieser aufsteigenden Ebenen verbunden ist, die in den acht Dynamiken beschrieben sind, und daher letztendlich mit der Existenz und dem Überleben des Höchsten Wesens oder der Unendlichkeit.

VI. X. Scientology Lehre – Therapie und Kommunikation

Wie in anderen Religionen ist das Haupt- und ursprüngliche Anliegen vieler Menschen, die von der Scientology Religion angezogen werden, die sofortige Erlösung von unmittelbaren Leiden und Nöten; dies ist der Reiz des therapeutischen Elementes, das sich in vielen Religionen wiederfindet – und besonders deutlich im frühen Christentum –, neben den eher mystischen, metaphysischen, spirituellen Lehren, die die Gläubigen begreifen sollen, wenn sie im Glauben wachsen (siehe Hebräer, 5:12–44). Die meisten Scientologen erfuhren zuerst von der Möglichkeit, ihr tägliches Leben zu verbessern und ihre Intelligenz zu erhöhen (durch zunehmende Kontrolle über den reaktiven Verstand). Die Möglichkeit, solche Resultate durch Auditing zu erzielen, kommt in der Formulierung, die als A-R-K bekannt ist, zum Ausdruck. A steht für Affinität, die emotionelle Erfahrung und Beziehung des Individuums zu anderen. R steht für Realität, der Grad an Übereinstimmung von Individuen in Bezug auf objektive Phänomene. K steht für Kommunikation, der in Scientology große Bedeutung beigemessen wird. Wenn Menschen Affinität besitzen, wenn sie sich über die Natur objektiver Phänomene einig sind, dann kann Kommunikation sehr leicht erfolgen. Verbunden mit diesem dreiwertigen Konzept von A-R-K ist die Skala der menschlichen Emotionen, die den Scientologen als „Tonskala" bekannt ist. Wenn der emotionelle Ton abfällt, dann wird auch die Kommunikation schwierig und die Realität wird als schlecht erfahren. Die Kommunikation selbst ist jedoch ein Mittel, das darauf ausgerichtet ist, das Verstehen zu erhöhen. Effektiv und präzise angewandt, wird sie das wichtigste therapeutische Mittel, um den einzelnen aus seiner Verstrickung mit der materiellen Welt zu befreien. Der Thetan kann in die Lage versetzt werden, mit seiner eigenen Vergangenheit zu kommunizieren, die Natur vergangener traumatischer Erfahrungen zu erkennen und zu einer Selbsterkenntnis zu gelangen, die es ihm erlaubt, diesen Verstrickungen zu entkommen.

VI. XI. Scientology Lehre – Auditing als Therapeutische Tätigkeit

Die Tonskala ist die erste Darstellung, aus der das Individuum die Möglichkeit erkennt, von Scientology zu profitieren. Sie zeigt einen Anstieg weg von einem chronischen emotionellen Ton wie Apathie, Traurigkeit und Furcht hin zu Begeisterung (und auf fortgeschritteneren Ebenen bis zu Überschwang und heiterer Gelassenheit). Viele werden zuerst von der Scientology angezogen, indem sie einen Nutzen dieser Art erfahren. Die Technik für diesen Fortschritt ist im Auditing zu finden, in dem ein ausgebildeter Scientologe unter Verwendung sorgfältig kontrollierter Fragen einer Person Erlebnisse aus ihrer eigenen Vergangenheit in ihr Bewusstsein zurückruft, die einen traumatischen Eindruck (ein „Engramm") in ihrem reaktiven Verstand hinterlassen haben und die Person davon abhalten, sich rational zu verhalten. Die Befreiung von den Auswirkungen dieser Hindernisse für vernünftiges Denken ist somit der Vorgang, durch den eine Person auf der „Tonskala" aufsteigt und so ihre Kompetenzen erhöht, aber sie ist auch – und hierin liegt ihre religiöse Bedeutung – die Methode, mit der der Thetan Erlösung erreichen kann, zuerst durch die Beseitigung der Aberrationen, die er als Folge seiner Verstrickung mit der materiellen Welt erleidet, und letztendlich durch das Erreichen der

92

völligen Freiheit von den negativen Folgen des MEST-Universums. Die Scientologen bezeichnen diesen Zustand als „ursächlich sein". Er weist eindeutige Analogien mit der Art von Erlösung auf, die in östlichen Religionen angeboten wird. Da auch diese den Einzelnen als von den Auswirkungen vergangener Handlungen (Karma) behindert sehen, ist das Konzept der Erlösung, das sie vertreten, ebenfalls ein Vorgang (Erleuchtung), durch den die Wirkung des Karmas gebrochen und die Person befreit werden kann. Das höchste Ziel für den Einzelnen ist ein Zustand, der „Operierender Thetan" (Operating Thetan) genannt wird, in dem das Individuum sich außerhalb des Körpers befindet, „exterior" zu allem Physischen. Diesen Zustand würden zumindest einige Christen als Zustand der geretteten Seele anerkennen.

VI. XII. Scientology Lehre – Erlösung durch Vernunft

Die oben beschriebene religiöse Philosophie liegt der Praktik der Scientology zugrunde. Hubbard selbst sah in ihr gewisse Ähnlichkeiten zur Philosophie östlicher Religionen. Insbesondere zitierte er die Weden, die Schöpfungshymnen, die einen Teil der Hindu-Tradition darstellen und eine Vorstellung enthalten, die dem „Aktionszyklus" in Scientology sehr nahe kommt. Der Aktionszyklus ist der scheinbare Ablauf des Lebens von der Geburt über das Wachstum hin zu Verfall und Tod. Aber durch das Wissen, das in Scientology zur Verfügung steht, können die negativen Auswirkungen dieses Zyklus vermieden werden. Er kann von einem Zyklus der Schöpfung, des Überlebens und der Zerstörung in einen Zyklus umgewandelt werden, in dem alle Elemente schöpferische Handlungen sind: Scientology engagiert sich, die Kreativität zu fördern und zu erhöhen und das Chaos und die Negativität zu bezwingen. Sie erkennt eine fortlaufende „Abstammungslinie" der Weisheit von den Weden und Gautama Buddha bis hin zur christlichen Botschaft und sieht eine gewisse Verwandtschaft mit all diesen Lehren. Zwar ermöglichten zum Beispiel die Weisheiten des Buddhismus bestimmten Individuen gelegentlich, die Erlösung in einem Leben zu erreichen, es gab aber keine genau festgelegten Praktiken, die zum letztendlichen Ziel der Erlösung führten. Die Chancen einer Wiederholung waren äußerst gering. Die Erlösung blieb Spielball unkontrollierbarer und willkürlicher Faktoren. Wenn überhaupt, so wurde das Ziel der Erlösung nur von wenigen gelegentlich erreicht. Hubbard bemühte sich, religiöse Praktiken zu standardisieren, sogar beinahe zur Routine zu machen und dadurch die Vorhersagbarkeit soteriologischer Ergebnisse zu erhöhen. Diese Anwendung technischer Methoden zur

Verwirklichung spiritueller Ziele zeigt, in welchem Ausmaß Scientology moderne Techniken anwendet, um Ziele zu verwirklichen, die früher, wenn überhaupt, nur hin und wieder erreicht wurden. Es ist der Versuch, Gewissheit und Ordnung in spirituelle Übungen und Ergebnisse einzuführen. Durch die Anwendung rationaler Methoden bemüht sich die Scientology darum, die religiöse Suche zu disziplinieren und zu ordnen. In diesem Sinne hat Scientology im Technologiezeitalter das getan, was der Methodismus in einer früheren Stufe der gesellschaftlichen Entwicklung verwirklichen wollte, nämlich zu versuchen, die Menschen davon zu überzeugen, dass das Ziel der Erlösung nur auf kontrolliertem, diszipliniertem, ja methodischem Weg erreicht werden kann. Doch während die Praktiken der Methodisten immer noch tief in der relativ konventionellen Sprache des Christentums verwurzelt waren, sind die von Scientology vertretenen Methoden stark von einer Gesellschaft geprägt, die ihr Vertrauen auf rationale und technologische Prozesse setzt. Die Mittel, die Scientology anwendet, werden oft mit dem Upaya (der „richtigen Methode"), der siebten Stufe des Bodhisattwa-Wegs zur Erlösung im Mahayana Buddhismus verglichen.

Dieser Version des Buddhismus zufolge wird der Gläubige bei Erreichen der siebten Stufe ein transzendentaler Bodhisattwa, der (wie der

Operierende Thetan bei Scientology) nicht mehr länger an einen physischen Körper gebunden ist.

VI. XIII. *Scientology Lehre – Auditing als seelsorgerische Beratung*

Die Methoden, die Scientology anwendet, stellen eine Form der seelsorgerischen Beratung dar, die insbesondere in den Techniken des Auditings in eine geordnete Form gebracht worden ist (von lat. audire, zuhören). Die genauen Techniken des Auditings stellen den Kern aller scientologischen religiösen Praktiken dar.

Diese in aufeinanderfolgenden Schritten aufgebauten Praktiken sind unbedingt notwendig, um die rettenden Heilswirkungen des Glaubens erfahren zu können. Sie wurden von Hubbard so gestaltet, dass der Prozess spiritueller Erleuchtung in eine Reihe geordneter Verfahren gebracht wird, mit denen systematisch tiefere Bewusstseinsebenen erreicht werden können. Diese Methode soll, wie die der „Affirmation" bei den Christlichen Wissenschaftern, sowohl frühere Sünden als auch die Auswirkungen von Leiden und Fehlhandlungen der Vergangenheit eliminieren.

VI. XIV. Scientology Lehre – Stufen der Erlösung

Die beiden Hauptstufen dieses soteriologischen Prozesses sind die Zustände, die als „Clear" und „Operierender Thetan" beschrieben werden. Der Preclear, der Scientology zum ersten Mal begegnet, trägt den mentalen Ballast vergangener schmerzlicher und seelisch belastender Erfahrungen mit sich. Auditing versucht, diese Punkte ins Bewusstsein zu bringen und das Individuum zu veranlassen, mit seiner Vergangenheit zu kommunizieren sowie die Geschehnisse, die emotionale Entladungen hervorrufen, zu konfrontieren, und dadurch das Individuum an einen Punkt heranzuführen, an dem es diese Entladungen transzendieren und die bis dahin vergessenen Störungen mit absoluter Gelassenheit rational betrachten kann. Die negativen Auswirkungen solcher Erfahrungen werden dabei beseitigt. Geistige Sperren, Gefühle der Schuld und Unzulänglichkeit, Fixierung auf erfahrene Traumata und anfängliche Zustände emotionaler Erregung werden überwunden. Das Individuum wird „in die Gegenwart" gebracht, das heißt, es wird von den hinderlichen Auswirkungen von Geschehnissen, die auf der „Zeitspur" früher im Leben eines Thetans oder aber in einem früheren Leben stattgefunden haben, befreit. Durch eine verbesserte Kommunikation versetzt Auditing den Thetan in einen Zustand, in dem Hindernisse aus der

Vergangenheit beseitigt werden. Er wird als Clear bezeichnet, ein Wesen, das nicht länger seinen eigenen reaktiven Verstand hat, sondern zumindest in Bezug auf seinen eigenen Seinszustand selbstbestimmt ist. Der Operierende Thetan steht auf einer höheren Ebene des gleichen Prozesses, da er zusätzlich Kontrolle über seine Umwelt erworben hat. Er ist nicht mehr vom Körper abhängig, den er derzeit bewohnt: Er soll tatsächlich nicht länger in einem Körper sein. Anders ausgedrückt ist der Operierende Thetan ein Wesen, das sein volles spirituelles Potential, also das Ziel der Erlösung, verwirklicht hat. In dem neuerschienenen Werk Was ist Scientology? (Seite 222) heißt es dazu: „Auf der Ebene eines Operierenden Thetans beschäftigt man sich mit der eigenen Unsterblichkeit als geistigem Wesen. Man beschäftigt sich mit dem Thetan selbst im Verhältnis zur Ewigkeit ... Es gibt Zustände, die höher sind als der des sterblichen Menschen.“

VI. XV. Religiöse Ämter in Scientology – der Auditor

In der Scientology werden religiöse Aufgaben von vier miteinander verwandten Amtsträgern ausgeführt, deren Aufgabenbereiche sich sowohl ergänzen als auch in gewissem Grade überschneiden: Diese Beauftragten sind der Auditor, der

Fallüberwacher, der Kursüberwacher und der Kaplan. Die Rolle des Auditors ist ganz grundlegend: Auditing ist die unbedingt notwendige Technik für die Art der Erleuchtung, durch die das Individuum erlöst wird. Der Auditor wird in Fertigkeiten ausgebildet, die es ihm ermöglichen, anderen zu helfen und ihnen beizubringen, sich selbst zu helfen. „Alle Scientology Auditoren müssen ordinierte Geistliche werden" [Was ist Scientology?, Seite 557] und jeder Auditor hat Kurse absolviert, die ihn zur Seelsorge befähigen, selbst wenn er diese Rolle später nicht ausübt.

Der Auditor lernt, mit dem Preclear, der seine Hilfe sucht, so neutral und sachlich wie möglich umzugehen. Im Gegensatz zum Beichtvater in der römisch-katholischen Kirche verfährt der Auditor nicht nach seinem eigenen spirituellen Verständnis und nach seiner eigenen persönlichen Einschätzung der Bedürfnisse des Preclears, er folgt vielmehr genau den vorgeschriebenen Verfahren. In Scientology wird Nachdruck darauf gelegt, zufällige und willkürliche Elemente aus dem therapeutischen und spirituellen Verfahren auszuschalten. Jede Anstrengung wird unternommen, um zu gewährleisten, dass die standardisierten Vorgehensweisen und Technologien des Auditings nicht durch die Emotion des Auditors gestört werden. Seelsorgerische Beratung wird so, speziell in der Auditing-Situation, als viel exaktere Technik angesehen als in den konventionellen

Kirchen und es wird ihr auch größere und spezifischere Aufmerksamkeit geschenkt. Für Scientologen ist seelsorgerische Beratung nicht das Geben von aus der Luft gegriffenen Ratschlägen je nach persönlichem Ermessen oder unterschiedlichen Kompetenzen, sondern ein systematischer und kontrollierter Vorgang, um die Selbsterkenntnis und das spirituelle Wissen eines Individuums zu fördern.

VI. XVI. Religiöse Ämter in Scientology – der Fallüberwacher

Die Verantwortung für die korrekte Anwendung der Auditing-Verfahren liegt beim Fallüberwacher. Eine der wichtigsten Funktionen des Fallüberwachers ist das sorgfältige Studium der Aufzeichnungen, die der Auditor von der jeweiligen Auditing-Sitzung angefertigt hat. Diese Aufzeichnungen sind höchst technischer Natur – außer für einen ausgebildeten Auditor unverständlich – und bestehen aus Angaben über das angewandte Auditing-Verfahren, die E-Meter-Reaktionen und wie es dem Preclear erging. Diese Aufzeichnungen müssen genügend vollständig sein, um zu zeigen, dass der Fortschritt des Preclears in Übereinstimmung mit der Soteriologie der Scientology ist. Der Fallüberwacher ist in der Lage, diese technischen Notizen zu verstehen, da er selbst ein hoch ausgebildeter Auditor ist, der zusätzlich weitere spezielle Ausbildung als Fallüberwacher absolviert hat. Er prüft, ob das Auditing mit den vorgeschriebenen Standards in Einklang steht, ob die Techniken korrekt angewandt wurden und ob der Preclear angemessenen Fortschritt macht. Sollte irgendein Fehler während des Auditings aufgetreten sein, wird dieser vom Fallüberwacher entdeckt und korrigiert. Er kann einen Auditor, der einen Fehler macht, veranlassen, das falsch angewandte Material neu zu studieren und die korrekten Verfahren zu üben, um sicherzustellen, dass sich Fehler nicht wiederholen. Nach jeder Sitzung gibt er den nächsten Auditing-Schritt an. Da Leute verschieden sind, wird jeder Fall individuell geprüft, um die richtigen Prozesse, die anzuwenden sind, anzugeben und sicherzustellen, dass der Preclear angemessenen spirituellen Fortschritt erzielt. Die Rolle des Fallüberwachers stellt daher sicher, dass Scientology Auditing richtig durchgeführt und kontrolliert wird.

VI. XVII. Religiöse Ämter in Scientology – der Kursüberwacher

Der Kursüberwacher spielt bei der Ausübung von Scientology eine noch größere Rolle als der Auditor. Es sind nämlich Kursüberwacher, die Auditoren gemäß den anspruchsvollen Richtlinien Hubbards ausbilden. Der Kursüberwacher ist Experte auf dem

Gebiet der von Hubbard entwickelten Lernmethoden. Er ist geübt im Identifizieren jeder möglichen Verständnisschwierigkeit und im Lösen sämtlicher Probleme, auf die der Student von Scientology Literatur stoßen kann. Der Kursleiter prüft, ob ein Student der Scientology die Scientology Theorie vollständig verstanden hat und durch praktische Übungen ihre Anwendung beherrscht. Im Gegensatz zu Klassenleitern und Lehrern in anderen Bereichen hält der Scientology Kursüberwacher keine Vorlesungen. Auch bietet er niemals seine eigene Interpretation des Themas an. Dieser Punkt ist besonders wichtig, da Scientologen glauben, dass die in Scientology erzielten Ergebnisse nur durch die exakte Befolgung der Scientology Schriften, wie sie von Hubbard niedergelegt wurden, erreicht werden. Verbale Erklärungen des Lehrers für die Studenten hätten, wie unbeabsichtigt sie auch sein mögen, unweigerlich eine Veränderung der Originalschriften zur Folge. So ist der Kursleiter notwendigerweise Experte im Erkennen von Situationen, in denen der Student auf Probleme stoßen könnte, und er weist ihm die Richtung, sodass der Student aus eigener Anstrengung heraus die Lösung des Problems finden kann.

VI. XVIII. Religiöse Ämter in Scientology – der Kaplan

Jede Scientology-Kirche und -Mission hat einen Kaplan. Er ist ein ausgebildeter Auditor, und der Geistlichen-Kurs ist ein wesentlicher Teil seiner Ausbildung. Dieser Kurs stellt Scientology als Religion vor, als Mittel, durch das Menschen Erlösung erreichen können. Er beinhaltet eine Einführung in die Lehren der großen Weltreligionen, Ausbildung im Abhalten von Zeremonien und anderen religiösen Diensten, das Studium des Glaubensbekenntnisses und der Kodizes der Scientology und die Unterweisung in Ethik und Auditing-Technologie. Der vielleicht bedeutendste Bestandteil der Aufgaben des Kaplans ist die seelsorgerische Beratung, und zwar nicht in dem Sinne, in dem diese Beratung im Verlauf des Auditings durchgeführt wird, sondern eher im weiteren Sinne, im Anhören von Problemen und Schwierigkeiten, denen sich Scientologen in der Auseinandersetzung mit den Lehren und Techniken des Glaubens gegenübersehen. Der Kaplan sorgt für den reibungslosen Ablauf der kirchlichen Dienste und versucht, wenn er zu Rate gezogen wird, moralische und auch familiäre Probleme in Übereinstimmung mit den Prinzipien der Scientology zu klären. Seine Aufgabe innerhalb einer Scientology Organisation ähnelt der eines Kaplans des Bischofs in den etablierten Kirchen. Der Kaplan hält die Zeremonien ab, die von der Kirche durchgeführt werden, wie zum Beispiel Namensgebungen, Trauungen und Bestattungsriten. Er hält auch die wöchentlichen Andachten (die der Einfachheit halber an Sonntagen stattfinden), die er innerhalb eines gewissen Rahmens nach eigenem Ermessen gestalten kann. Bei den Andachten erfüllt er auch die Rolle des Predigers, ähnlich dem Prediger einer Nonkonformisten-Kirche. Dabei ist seine Funktion jedoch eher die eines Kommentatoren denn die eines Redners. Seine Ausführungen sind immer eng mit den Lehren und der praktischen Anwendung der Prinzipien des Glaubens verbunden.

VI. XIX. Technische Mittel für spirituelle Ziele – eine Religion, keine Wissenschaft

Um die Vorgehensweise von Scientology und ihren Amtsträgern zu verstehen, ist es notwendig zu erkennen, dass Scientology technische Mittel und spirituelle Ziele miteinander verbindet. Der Nachdruck, den Scientology auf Technik legt, der Gebrauch technischer Terminologie und das Bestehen auf systematischer Vorgehensweise und detaillierten Anordnungen sollten die spirituelle und soteriologische Natur ihrer höchsten Anliegen in keinster Weise verschleiern. Scientology ist eine

Religion, die in einer von der Wissenschaft geprägten Epoche entstanden ist. Ihre Methoden sind geprägt vom Zeitalter ihrer Entstehung. Ein wichtiger Bestandteil der Aussagen der Scientology ist, dass der Mensch rational denken und seine mächtigen, aber störenden Emotionen kontrollieren muss. Nur auf diese Weise kann der Mensch die vollständige Willensfreiheit und Selbstbestimmung erreichen, die von den Scientologen als sein Recht und als eine Notwendigkeit angesehen werden. Um das Ziel der Erlösung zu erreichen, muss das Individuum die genau dargelegten Schritte konsequent und beständig anwenden. Ähnlich der Christlichen Wissenschaft versucht Scientology, Gewissheiten zu schaffen. Die höchsten Ziele der Scientology scheinen empirische Beweise zu transzendieren; und die Glaubensansätze ihrer Anhänger sind transzendent, metaphysisch und spirituell, obwohl die Religion eigene Erfahrung als den Weg zu persönlicher Überzeugung und Gewissheit betont. Der wissenschaftliche Stil des scientologischen Ansatzes tut ihrem religiösen Status und Anliegen keinen Abbruch.

DAS SYSTEM SCIENTOLOGY
Eine Analyse und ein Vergleich ihrer religiösen Systeme und Lehren

VII. Eine soziologische Analyse der Entwicklung der Scientology Kirche

VII. I. Die Entwicklung von scientologischen Ideen – frühere Leben

Seit Mitte der 1950er-Jahre hatte Hubbard bereits erfasst, dass frühere Leben für die Erklärung menschlicher Probleme von Bedeutung sein könnten. Die Stiftung, die er in Elizabeth, im amerikanischen Bundesstaat New Jersey, ins Leben rief, widmete sich damals dem Studium der möglichen positiven Auswirkungen des „Zurückrufens" der „Todesumstände in früheren Inkarnationen" [Joseph A. Winter, A Doctor's Report on Dianetics: Theory and Therapy, New York, 1951, Seite 189]. Aus diesem Interesse heraus entwickelte sich die Überzeugung, dass schädliche Erfahrungen in früheren Leben (wie auch früh im gegenwärtigen Leben) sogenannte „Engramme" erzeugen (Eindrücke oder geistige Eindrucksbilder, die den reaktiven Verstand bilden, mit Schmerz und Bewusstlosigkeit verbunden sind und Krankheiten, Hemmungen und daher irrationales Verhalten hervorrufen). Dianetics und Scientology mussten daher erweitert werden, um diese Engramme wie auch diejenigen, die von frühen Erfahrungen eines Individuums in seinem gegenwärtigen Leben herrühren, zu beseitigen.

VII. II. Die Entwicklung von scientologischen Ideen – von Dianetics zu Scientology

Diese Störung des geistigen Lebens wurde auf einer anderen Ebene als „Enturbulation" des Thetas, des Universums des Denkens, durch MEST bezeichnet. Durch Auditing soll das Theta von dieser Last befreit werden. Das Theta-Konzept wurde 1951 weiter verfeinert und wurde als „Lebenskraft, Elan vital, Geist, Seele" bezeichnet [in Die Wissenschaft des Überlebens, Teil I, Seite 4]. Man kann wohl sagen, dass dies der Zeitpunkt war, an dem Hubbards Glaubenssystem zu einem System für die Heilung von Seelen wurde.

Diese Entwicklung wurde im Jahre 1952 noch deutlicher, als Hubbard Scientology ins Leben rief und dieses neue, erweiterte und noch umfassendere Glaubenssystem die Dianetics integrierte und sie mit einer vollständig ausgearbeiteten metaphysischen Grundlage versah.

Theta wurde jetzt zum Thetan, einer deutlicheren Entsprechung der Seele, und die religiöse Dimension des Systems wurde jetzt offensichtlich. Der Thetan wurde als die eigentliche Identität des Individuums betrachtet, als die Person selbst (das, was sich bewusst ist, bewusst zu sein), und die scientologische Theorie lieferte nun die metaphysische Rechtfertigung für die soteriologische Aufgabe der Befreiung des Thetans von den negativen Auswirkungen früherer Leben (früherer Besitznahmen menschlicher Körper).

VII. III. Die Entwicklung von scientologischen Ideen – Thetan und Körper

Das Individuum kann nicht von „meinem Thetan" sprechen, da es im Grunde ja der Thetan ist, der einen Körper bewohnt. In diesem Sinne wird der Thetan sogar als noch wichtiger betrachtet als die Seele in der herkömmlichen christlichen Interpretation. Auf der Suche nach einer Identität dringt der Thetan (bei, nach oder sogar vor der Geburt) in einen Körper ein. In diesem Sinne weist Scientology einige Ähnlichkeiten mit den von der buddhistischen Reinkarnationslehre vertretenen Konzepten auf. Hubbard ist jedoch in seiner Charakterisierung früherer Leben sehr viel exakter und präziser als sämtliche buddhistische Schriften.

VII. IV. Unmittelbare und höchste Erlösung

Das anfängliche Ziel von Scientology Auditing ist die Befreiung des Thetans von den Beschränkungen des reaktiven Verstandes. Das höchste Ziel ist die Rehabilitation des Thetans, damit dieser einen stabilen Zustand erreicht, in dem er keinen reaktiven Verstand mehr hat. Er bewegt sich von der Beschäftigung mit dem Nahziel seines eigenen Überlebens (der 1. Dynamik) hin zu einem zunehmend umfangreicheren Erkennen der Erlösungsmöglichkeiten, während er sich fortschreitend mit der Familie, mit Gruppen, mit der Menschheit, mit der Tierwelt, dem Universum, spirituellen Zuständen und mit der Unendlichkeit oder Gott identifiziert. Daher ist das höchste Ziel des Thetans, der sich durch die acht Dynamiken hocharbeitet, das Erreichen eines gottähnlichen Zustands, den Scientologen als „Vollständiger OT" (Full OT) oder als „Urzustand" (Native State) bezeichnen.

VII. V. Die Soteriologie der Scientology

Diese aufeinanderfolgenden Schritte sind in sich selbst eine Soteriologie, eine Erlösungslehre. Wenn der Endzustand den Erlösungszustand, der in christlichen Religionen normalerweise angestrebt wird, zu übertreffen scheint, dann liegt der Grund dafür darin, dass sich Soteriologen oft mehr mit der nahen als mit der äußersten Erlösung beschäftigen. Auch im Christentum gibt es Konzepte, in denen der Mensch als Miterbe Christi betrachtet wird, obwohl die begrenztere Aussicht, dass die Seele schließlich in den Himmel aufgenommen wird, oft sowohl die Kirche als auch die Laien zufriedengestellt hat. Doch wird in einigen Bewegungen – die Mormonen sind ein Beispiel – explizit die Vorstellung anerkannt, dass der Mensch den Status eines Gottes erreichen kann. Die Art und Weise, wie das Erlösungsziel erreicht werden soll, ist bei der Scientology anders, doch ist das Endziel der Errettung der Seele in allen Lehren der Scientology klar erkennbar. In ihrer Praxis werden die Nahziele – geistige Gesundheit des Individuums, das Beseitigen von seelischer Qual, das Überwinden von Niedergeschlagenheit – betont, doch werden sie durch den Bezug zur oben dargelegten soteriologischen Theorie gerechtfertigt.

VII. VI. Ähnlichkeiten mit Buddhismus und der Sankhya-Schule

Die scientologische Charakterisierung der Mechanismen des Lebens weist beträchtliche Ähnlichkeiten sowohl mit dem Buddhismus als auch mit der hinduistischen Sankhya-Schule auf. Die Ansammlung einer reaktiven Datenbank im Verstand zeigt einige Ähnlichkeiten mit der Idee des Karmas. Das Konzept früherer Leben hat viel mit den Reinkarnationstheorien östlicher Religionen gemein. Die Vorstellung, Zugang zu verschiedenen Bewusstseinsebenen erlangen zu können, kann auch im Yoga gefunden werden (die Yoga-Schule ist eng mit der des Sankhya verwandt), und vom Yogi wird geglaubt, er könne übernatürliche Kräfte erreichen.

VII. VII. Rettung als globale und als eine individuelle Möglichkeit

Das höchste Ziel der Erlösung des Thetans umfasst die Vorstellung des Überlebens der gesamten Menschheit, der Tierwelt und des materiellen Universums mit Hilfe der Scientology. Dieses Element der Sorge um die Gesellschaft und den Kosmos ist bei Scientology ohne Zweifel vorhanden. Die Vorstellung, „den Planeten zu klären" („Clears" hervorzubringen, also Menschen, die vom reaktiven Verstand vollständig frei geworden sind), ist ein formuliertes Ziel. Hubbard selbst hat jedoch die Betonung zuweilen etwas verlagert und geschrieben: „Scientology ist nicht daran interessiert, die Welt zu retten, sondern fähige Individuen fähiger zu machen, und zwar indem man sich technologisch exakt an das Individuum selbst richtet, das ja der Geist ist." [The Character of Scientology, 1968, Seite 5.] Doch was hier wohl hauptsächlich betont werden soll, ist, dass die Rettung der Welt abhängig ist von der Rettung individueller Thetans – eine Betonung, die auch für das Evangelium typisch ist.

VII. VIII. *Moral in Scientology*

Manchmal wird behauptet, es wäre typisch für Religionen, dass sie einen Moralkodex vorschreiben, doch sind bei den verschiedenen Religionen erhebliche Unterschiede in dem Ausmaß festzustellen, in dem sie solch einem Kodex der Sittlichkeit verpflichtet sind. Scientology begann mit den ganz allgemeinen Zielen, die Fähigkeit eines Individuums zu steigern. Mit ihrem Nachdruck auf Freiheit nahm Scientology auch eine freiere Haltung in Bezug auf Moral ein als beispielsweise die traditionellen christlichen Kirchen. Doch machte Hubbard bereits von seinen ersten Ausführungen über Dianetics an deutlich, dass das Individuum für seine Beschränkungen selbst verantwortlich sei, dass ein Thetan grundsätzlich gut sei und seine eigene Macht verringere, sobald er schädliche Handlungen begeht. Auch liegt das Hauptaugenmerk beim Auditing auf der Forderung, dass die Person Probleme konfrontiert und die Verantwortung für ihr eigenes Wohlergehen übernimmt. Sie muss „Overt-Handlungen" (schädliche Handlungen), die sie sowohl in ihrem gegenwärtigen Leben als auch in früheren Leben begangen hat, als solche erkennen.

In einer wichtigen Veröffentlichung, Einführung in die Ethik der Scientology, machte L. Ron Hubbard die ethischen Standards deutlich, die von einem

Scientologen erwartet werden, und stellte klar, dass die Verpflichtung, ethischen Grundsätzen Folge zu leisten, für den Glauben unabdingbar ist. Das Ziel des Individuums ist Überleben, das heißt, Überleben auf allen acht Dynamiken, von der Sorge für sich selbst und die Familie bis zum Streben nach der Existenz als Unendlichkeit, der sogenannten Gott-Dynamik [vgl. Abschnitt VI.IX]. Überleben als scientologisches Konzept stimmt mit dem allgemeinen Anliegen aller Religionen überein, nämlich der Erlösung. Eine ethische Handlung wird als vernunftgemäßes Verhalten betrachtet, das zu diesem Ziel führen soll. Daher betonte Hubbard besonders die Notwendigkeit des Individuums, ethische Standards anzuwenden und sich rational zu verhalten, wenn es die eigene Erlösung verwirklichen und die der gesamten Menschheit erleichtern will. Daher wird der Scientologe, ähnlich dem Buddhisten, der ja aus eigenem Interesse gute Taten vollbringt, um sein zukünftiges Karma zu verbessern, dazu ermahnt, sich rational, das heißt ethisch, zu verhalten, um das Überleben für sich und für seinen durch die acht Dynamiken dargestellten wachsenden Lebensbereich zu sichern. Hubbard schreibt: „Ethik besteht aus den Handlungen, die der Einzelne auf sich nimmt, um optimales Überleben für sich und andere auf allen Dynamiken zu erreichen. Ethische Handlungen sind Überlebenshandlungen. Ohne die Anwendung von Ethik werden wir nicht überleben. [Seite 19] Überleben ist nicht reines Überleben. Es ist vielmehr Überleben in einem glücklichen Zustand. „Überleben misst sich in Vergnügen" [Seite 31] So beinhaltet die Erlösung also ähnlich wie im Christentum einen Zustand des Glücks. Doch „ein reines Herz und reine Hände sind der einzige Weg, Glück und Überleben zu erlangen" [Seite 28]; also erfordert das Erlangen des Überlebens in der Praxis die Aufrechterhaltung moralischer Standards. Hubbard schreibt: „Was Ideale, Ehrlichkeit und die Liebe zu seinem Nächsten angeht, so gibt es in Abwesenheit von diesen Dingen kein gutes Überleben für den Einzelnen oder für viele." [Seite 24] Scientology Ethik umfasst Moralkodizes, doch geht sie noch darüber hinaus, indem sie die grundlegende Vernünftigkeit der scientologischen Ethik bestätigt, deren Anwendung als der einzige Weg betrachtet wird, dem Zustand des Verfalls der Moral in der heutigen Zeit und den Handlungen anti-sozialer Persönlichkeiten abzuhelfen und die Menschheit zu erlösen.

Im Jahr 1981 formulierte Hubbard eine Reihe von moralischen Prinzipien, die auf gesundem Menschenverstand beruhen. Die Broschüre, in der sie erschienen sind, beschrieb er als „ein individuelles Werk ... nicht Teil einer religiösen Doktrin". Das Büchlein sollte weit verbreitet werden, um den Verfall der Moral in der modernen Gesellschaft zu bekämpfen; Scientologen jedoch nahmen diesen Moralkodex als Teil der Religion auf. Dieser Kodex spiegelt in beträchtlichem Maße die Zehn Gebote und andere Prinzipien christlicher Sittlichkeit wider. Doch drückte Hubbard diese Prinzipien in moderner Sprache aus und versah sie zusätzlich mit sozialen, funktionalen und pragmatischen Erklärungen. Der Kodex verbietet Mord, Diebstahl, Unaufrichtigkeit, alle illegalen Handlungen und das Schädigen von Menschen guten Willens. Er fordert unter anderem Treue dem Sexualpartner gegenüber, Respekt vor den Eltern, Kindern zu helfen, Mäßigung, Unterstützung gerechter Regierungen, das Einhalten von Verpflichtungen, Respekt anderen Religionen gegenüber, Sorge um Gesundheit und Umwelt, Fleiß und Kompetenz. Er beinhaltet die sowohl positiv als auch negativ ausgedrückte goldene Regel, die in der christlichen Tradition häufig so wiedergegeben wird: „Was du nicht willst, das man dir tu, das füg' auch keinem andern zu." In der Broschüre wird der Leser dazu aufgefordert, Exemplare davon all jenen Menschen zukommen zu lassen, deren Glück und Überleben ihm am Herzen liegen.

VII. IX. Die religiösen Ansprüche der Scientology

Trotz der verschiedenen oben aufgeführten Elemente, die in den Bereich der Religion gehören, wurde anfänglich nicht der Anspruch erhoben, Scientology sei eine Religion. Selbst als im Jahre 1954 drei Kirchen (unter leicht unterschiedlichen Namen) für Scientology registriert wurden, waren die religiösen Implikationen der Scientology immer noch nicht ganz erforscht. Hubbard versicherte, dass Scientology religiöse Ziele verfolge. Er schrieb: „Scientology hat das Ziel der Religion, wie es in der schriftlich überlieferten Menschheitsgeschichte vorliegt, erfüllt, nämlich die Befreiung der Seele durch Weisheit. Scientology ist eine viel intellektuellere Religion als jene, die bis 1950 im Westen bekannt war. Wenn wir, ohne Therapie, ganz einfach unsere Wahrheiten lehrten, brächten wir Zivilisation in eine barbarische westliche Welt" [Das Schaffen Menschlicher Fähigkeiten, Seite 417]. Sicherlich betrachtete Hubbard das Christentum als in mancher Hinsicht weniger fortgeschritten als den Buddhismus, wobei er sich auf den christlichen Tag des Jüngsten Gerichts als „... eine barbarische Interpretation dessen" bezieht, „worüber Gautama Buddha sprach: die Befreiung der Seele aus dem Kreislauf von Geburt und Tod" [Phoenix-Vorträge, 1968, Seiten 29–30]. Scientology selbst sei eine Religion „im ältesten und umfassendsten Sinne" [ebenda, Seite 35]. In seinem Werk Das Wesen der Scientology griff Hubbard 1968 einige dieser früheren Punkte wieder auf und bemerkte, dass die Hintergründe von Scientology die Weden, das Tao, Buddha, das Judentum, Jesus und auch eine ganze Reihe von Philosophen mit einschließen. Scientology brachte demnach „die erste religiöse Technologie, mit der der überwältigende Rückstand der spirituellen Vernachlässigung überwunden werden kann" [Seite 10]; und das sah er als eine Kombination der Aufrichtigkeit und Genauigkeit eines Gautama Buddha mit der produktiven praktischen Veranlagung eines Henry Ford [Seite 12]. Er betrachtete den Auditor als jemanden, der in der Auditing-Technologie ausgebildet ist, und scientologische Ausbildung als religiöse Unterweisung.

VII. X. L. Ron Hubbard als religiöser Führer

Oft wird (von ihren Anhängern, wenn nicht von ihnen selbst) der Anspruch erhoben, dass die Gründer religiöser Bewegungen Vermittler einer Offenbarung sind, durch die ein höheres Wesen sich ausdrückt. Dieses prophetische Element religiöser Führerschaft ist charakteristisch für Bewegungen in jüdisch-christlich-islamischer Tradition.

In der hinduistisch-buddhistischen Tradition jedoch wird der religiöse Führer typischerweise eher als Meister betrachtet, der seinen Jüngern hilft, indem er ihnen den Pfad zur Erleuchtung aufzeigt, den er selbst gegangen ist. Hubbard entspricht zweifelsohne viel eher dem letzteren Modell. Er wird als Lehrer dargestellt, dem nicht religiöse Wahrheiten von einem göttlichen Wesen offenbart wurden, sondern der vielmehr durch wissenschaftliche Forschung Fakten entdeckt hat, die bestimmte therapeutische Praktiken und einen metaphysischen Wissenskomplex beinhalten, der höhere Seinszustände des Menschen und seine höchste Bestimmung erklärt. Zeitgenössische scientologische Werke entwerfen ein Bild Hubbards – der oft als Genie beschrieben wird – im Stil wohlwollender Biographien, die erstellt werden, um das Ansehen von Propheten, Gurus und Religionsstiftern zu mehren und deren einzigartige Erfahrungen anzuerkennen [zum Beispiel Was ist Scientology?, Seiten 83-137].

Religiöse Führer in der christlichen Tradition, deren Rolle und anerkannter Name am ehesten dem Hubbards in Scientology nahekommen, sind Mary Baker Eddy, die Gründerin der Christlichen Wissenschaft, und die Führer der verschiedenen New-Thought-Bewegungen des späten 19. und frühen 20. Jahrhunderts.

VII. XI. Religion und Organisation der Kirche

Für eine Religion oder ein religiöses System ist es in keinster Weise notwendig, sich als Kirche zu organisieren. Die spirituellen Elemente des scientologischen Ansatzes waren offensichtlich, ehe die Bewegung kirchliche Organisationen gründete, und die Gesamtheit dieser spirituellen Elemente rechtfertigt auf jeden Fall die Bezeichnung des Glaubenssystems von Scientology als Religion. Doch selbst wenn das Erkennungsmerkmal einer Religion die Organisation als Kirche wäre, würde Scientology diesen Test bestehen. In den 1950er-Jahren wurde die Kirche als Körperschaft konstituiert, ein Glaubensbekenntnis formuliert und die Form bestimmter Zeremonien festgelegt. Das Glaubensbekenntnis und die Zeremonien haben die religiösen Überzeugungen und Verpflichtungen, die das Glaubenssystem der Scientology enthält, in eine Form gebracht. Die ekklesiastische Struktur von Scientology ist hierarchisch und reflektiert so das in Stufen aufgebaute System der Ausbildung und der spirituellen Erleuchtung, die für das Verständnis der scientologischen Lehren erforderlich sind. Organisationen auf den unteren Ebenen werden als Missionen geführt, die hauptsächlich mit der Verbreitung des Glaubens betraut sind. Die untergeordneten Kirchen führen die grundlegende Geistlichen-Ausbildung durch, die zur Ordination führt, und kümmern sich um lokale „Pfarr"-Gemeinden. Diese Rangfolge innerhalb der Kirchenorganisation stellt den Kern des Systems dar. Über dieser Stufe gibt es höhere Kirchenebenen, die hauptsächlich mit der fortgeschrittenen Auditoren-Ausbildung und mit fortgeschrittenem Auditing befasst sind. Die höhergestellten Organisationen geben den niedrigeren Einrichtungen Anleitung. Analog zu dieser Struktur werden in der Kirche Laien als ehrenamtliche Geistliche ausgebildet, die soziale Aufgaben in der Gesellschaft übernehmen. Die Geistlichkeit selbst ist hierarchisch gegliedert, wobei jede Stufe durch den Abschluss eines zertifizierten Ausbildungskurses erreicht wird. Auf den niedrigeren Qualifikationsstufen machen die ehrenamtlichen Geistlichen unter anderem Gefängnis- und Krankenhausbesuche, während die Geistlichen höheren Rangs bestrebt sind, Scientology Gemeinden ins Leben zu rufen, wo es aufgrund der Anzahl von Mitgliedern angezeigt ist. Die formale Kirchenstruktur hat Ähnlichkeit mit dem Aufbau christlicher Konfessionen, so unterschiedlich Lehren und Praktiken auch sein mögen. Die Institution der ehrenamtlichen Geistlichen weist Parallelen zum Laiendiakonat der anglikanischen und anderer Kirchen auf.

VII. XII. Das Glaubensbekenntnis der Scientology

In dem Werk Ceremonies of the Founding Church of Scientology, 1966, heißt es: „In einer Andacht der Scientology Kirche verwenden wir keine Gebete, keine Frömmigkeitshaltungen und auch keine Drohungen mit ewiger Verdammnis. Wir verwenden die Fakten, die Wahrheiten, die Einsichten, die im Wissensgebiet der Scientology entdeckt wurden." [Seite 7] Das Glaubensbekenntnis der Scientology Kirche widmet den Menschenrechten besondere Aufmerksamkeit.

Es bestätigt die Überzeugung, dass alle Menschen gleich geschaffen wurden und das Recht auf ihre eigenen religiösen Praktiken und deren Ausübung haben. Sie haben das Recht auf ihr eigenes Leben, auf geistige Gesundheit, das Recht, sich zu verteidigen und „ihre eigenen Organisationen, Kirchen und Regierungsformen zu ersinnen, zu wählen und zu unterstützen sowie frei zu denken, frei zu sprechen, ihre eigenen Meinungen frei zu schreiben ..."

Es bekräftigt ebenfalls die Überzeugung, dass „das Studium des Verstandes und die Heilung mental verursachter Krankheiten von Religion nicht entfremdet oder an nicht-religiöse Gebiete vergeben werden sollte." Es wird vertreten, „dass der Mensch grundsätzlich gut ist, dass er danach trachtet zu überleben, dass sein Überleben von ihm selbst und von seinen Mitmenschen und von seinem Erreichen der Bruderschaft mit dem Universum abhängt". Es wird auch bekräftigt, dass „... wir von der Kirche glauben, dass die Gesetze Gottes es dem Menschen verbieten, seine eigene Art zu zerstören, die Gesundheit eines anderen zu zerstören, die Seele eines anderen zu zerstören oder zu versklaven und das Überleben seines Kameraden oder seiner Gruppe zu zerstören oder zu reduzieren. Und wir von der Kirche glauben, dass der Geist gerettet werden kann, und dass nur der Geist den Körper retten oder heilen kann."

VII. XIII. *Scientology Zeremonien*

Die Trauungs- und Bestattungs-Zeremonien, wie sie für die Kirche vorgeschrieben sind, weichen, obwohl sie etwas unkonventionell sind, doch keineswegs radikal von der allgemeinen Praxis in der westlichen Welt ab. In der Taufzeremonie, die „Namengebungszeremonie" genannt wird, kommen die Prinzipien des scientologischen Glaubenssystems deutlicher zum Ausdruck.

Zweck ist es, dem Thetan zu helfen, der vor Kurzem einen neuen Körper angenommen hat. Man geht davon aus, dass sich der Thetan seiner Identität nicht bewusst ist, wenn er einen neuen Körper annimmt, und die Namensgebungszeremonie ist ein Weg, dem Thetan zu helfen, die Identität seines neuen Körpers sowie die der Eltern dieses Körpers und der Paten, die dem neuen Wesen beistehen werden, kennenzulernen. Diese Zeremonie ist daher eine Art Orientierungsprozess in völliger Übereinstimmung mit scientologischer Metaphysik.

VIII. Anschauungen der Andacht und der Erlösung

DAS SYSTEM SCIENTOLOGY
Eine Analyse und ein Vergleich ihrer religiösen Systeme und Lehren

VIII. I. Andacht – ein sich veränderndes Konzept

Theistische Religionen – darunter das traditionelle Christentum – legen großen Wert auf Andachtshandlungen, die der formalisierte Ausdruck der Verehrung einer Gottheit, von Demut, Unterwerfung, Gebet (Zwiesprache mit der Gottheit), Lobpreisung und Danksagung für erhaltene Wohltaten sind. (Ältere Konzepte der Andacht beinhalten auch Opfer – Menschen oder Tiere – und Zeremonien, um eine rachsüchtige oder eifersüchtige Gottheit zu besänftigen. Doch die Konzepte der Andacht haben sich verändert und ältere Formen, die früher als unentbehrlich betrachtet wurden, würden heutzutage als gesetzeswidrig angesehen werden. Die Vorstellungen von Andacht sind in der heutigen Zeit sowohl in den etablierten Kirchen als auch in neuen Bewegungen starken Veränderungen unterworfen.) Das traditionelle Konzept der Andacht wird allgemein mit dem Postulieren einer Gottheit (oder mehrerer Gottheiten) in Verbindung gebracht oder mit einer Persönlichkeit, die Gegenstand ehrfürchtiger Haltungen und Handlungen ist. Diese Definition der Andacht, die auch kürzlich in England ausgesprochenen Gerichtsurteilen entspricht, lehnt sich eng an das Modell der historischen jüdisch-christlich-islamischen Praktiken an. Wie empirische Beweise jedoch zeigen, kommt dieses Konzept der

Andacht nicht in allen Religionen vor, und wenn es auftritt, dann weist es erhebliche Variationen auf, von denen einige in nachfolgenden Beispielen gezeigt werden.

VIII. II. Verschiedene Formen der Andacht – der Theravada-Buddhismus

Erstens: Der Theravada-Buddhismus – in seiner Reinform – sowie einige andere Religionen postulieren keine höchste Gottheit, sondern ein oberstes Gesetz oder Prinzip, das weder Verehrung, Lob oder Anbetung durch die Gläubigen erfordert noch davon abhängig ist. Es wird allgemein anerkannt, dass eine Gottheit keine Conditio sine qua non von Religion darstellt, sodass – sofern dieses Konzept beibehalten werden soll – eine Definition von Andacht erforderlich ist, die über die in der christlichen Tradition vorgegebene hinausgeht.

VIII. III. Verschiedene Formen der Andacht – der Nichiren-Buddhismus

Zweitens: Es gibt religiöse Bewegungen, zum Beispiel den Nichiren-Buddhismus, welche die Existenz höherer Wesen bestreiten, dafür aber die Verehrung eines Objekts fordern. Die Soka-Gakkai-Buddhisten, eine Bewegung mit ca. 15 Millionen Anhängern, davon etwa sechstausend in England, beten beispielsweise das Gohonzon an, ein Mandala, auf dem die Symbole oder Formeln der absoluten Wahrheit geschrieben stehen. Sie erwarten sich durch ihre Verehrung des Gohonzons seine Gunst. Somit kann es ein Konzept der Andacht geben, das dem christlichen ähnlich ist, selbst wenn die Existenz eines höchsten Wesens explizit verneint wird.

VIII. IV. Verschiedene Formen der Andacht – die Quäker

Drittens: Selbst innerhalb der breit gefächerten christlichen Traditionen müssen Andacht und Demut nicht immer spezifische Verhaltensformen annehmen, wie sie in orthodoxen, römisch-katholischen oder anglikanischen Gottesdiensten beobachtbar sind, wo die Gläubigen sich verbeugen, hinknien, sich ausgestreckt auf den Boden legen, lobpreisende, danksagende, segnende Worte sprechen und sich durch ihr Flehen und Anrufen den Segen erhoffen. Innerhalb des Christentums gibt es viele Richtungen, die davon abweichende Praktiken ausüben: Die Quäker sind ein unwiderlegbares Beispiel dafür. Sie versammeln sich im

Geiste der Verehrung, üben jedoch keine formalen Handlungen der Andacht aus, wie festgelegte oder gesprochene Gebete, Kirchenlieder oder Psalmen. Oft wird die gesamte Versammlung schweigsam abgehalten.

VIII. V. Verschiedene Formen der Andacht – die Christliche Wissenschaft

Viertens: Innerhalb des Christentums findet sich sowohl in den alten etablierten Kirchen als auch in einer Vielzahl relativ neu entstandener Bewegungen eine Tendenz, das Gottesbild in zunehmend abstrakteren Worten auszudrücken. Seit das Gottesbild von einigen bedeutenden modernen Theologen neu definiert wurde, wobei oft die Vorstellung von Gott als Person verneint wurde (s. o., Abschnitt IV.III.), erscheinen einigen diese älteren Konzepte der Verehrung als anachronistisch. Meinungsumfragen zeigen, dass eine stetig zunehmende Anzahl von Menschen zwar an Gott, jedoch nicht an Gott als eine Person glaubt. Sie behaupten vielmehr, Gott sei eine Kraft. In neu entstandenen religiösen Bewegungen treten manchmal Formen der „Andacht" auf, die diese modernere, abstraktere Auffassung von Gott vertreten. Ein Beispiel dafür ist die Christliche

Wissenschaft. Da diese Bewegung, die mehr als siebzig Jahre vor Scientology entstanden ist, viele Merkmale mit Scientology gemeinsam hat und seit langem als Religion anerkannt ist, wird die Auffassung von Andacht in dieser Bewegung näher untersucht.

In der Christlichen Wissenschaft wird Gott als „Prinzip", „Leben", „Wahrheit", „Liebe", „Verstand", „Geist" und „Seele" definiert. Diese unpersönlichen Abstraktionen erfordern keine Unterwerfungs- und Verehrungsbezeigungen, und solche Tendenzen kommen in den Gottesdiensten der Christlichen Wissenschaft nur sehr beschränkt zum Ausdruck. Die Ansichten Mary Baker Eddys (der Gründerin der Christlichen Wissenschaft) über Andacht werden im Folgenden durch einige Zitate aus ihrem Buch Science and Health with Key to the Scriptures dargestellt:

> Hörbares Gebet kann niemals bewirken, was spirituelles Verstehen zu erreichen vermag ... Lange Gebete, Aberglauben und Glaubensbekenntnisse beschneiden die starken Flügel der Liebe und kleiden Religion in ein menschliches Gewand. Jede Vergegenständlichung der Andacht beeinträchtigt das geistige Wachstum des Menschen und

hält ihn davon ab, seine Macht über den Irrtum zu demonstrieren. [Seiten 4-5]

Befolgst du: „Du sollst lieben Gott, deinen Herrn, von ganzem Herzen, von ganzer Seele und von ganzem Gemüte"? Dieses Gebot beinhaltet viel, sogar die Aufgabe aller rein materiellen Gefühle, Zuneigungen und Andachtsformen. [Seite 9]

Die Geschichte Jesu schuf eine neue Zeitrechnung. Wir nennen sie heute die christliche Zeitrechnung. Er schuf jedoch keine ritualisierte Form der Andacht. [Seite 20]

Es ist traurig, dass der Begriff „Gottesdienst" heutzutage im Allgemeinen öffentliche Andacht bedeutet und nicht tägliche gute Werke. [Seite 40]

Wir können nur dann von spiritueller Andacht sprechen, wenn wir aufhören, dies auf materieller Ebene zu tun. Spirituelle Frömmigkeit ist ein zentraler Punkt im Christentum. Andacht auf materieller Ebene ist

Heidentum. Jüdische und andere Rituale sind nur ein Schatten wahrer Andacht. [Seite 140]

Die Israeliten hatten sich in ihrem Versuch, das Spirituelle zu verehren, immer auf das Materielle konzentriert. Für sie hatte Materie Substanz, der Geist war jedoch bloß Schatten. Sie wollten den Geist von einem materiellen Standpunkt aus anbeten, aber das war unmöglich. Auch wenn sie Jehova noch so sehr anriefen, es folgte kein Zeichen, dass ihre Gebete erhört wurden, denn sie verstanden Gott nicht genug, um seine heilende Kraft zeigen zu können. [Seite 351]

Die Christlichen Wissenschafter verwenden zwar das Vaterunser in ihren Gemeindeversammlungen, es wurde jedoch in eine Anzahl von „Affirmationen" in Übereinstimmung mit den Lehren Eddys übertragen. Stilles Gebet ist bei den Christlichen Wissenschaftern eine Affirmation von „Wahrheiten", keine demütige Bitte. Gott ist ein „Prinzip", das bekundet werden muss, nicht ein „Wesen", das man besänftigen oder günstig stimmen muss. Daher unterscheidet sich die Andacht in der Christlichen Wissenschaft in Form,

Stimmung und Ausdruck von der Andacht in traditionellen Kirchen.

VIII. VI. Andacht, definiert durch ihre Ziele, nicht durch ihre Formen

Zieht man die entsprechenden Ergebnisse empirischer Untersuchungen in Betracht, so zeigt die obige Aufzählung der verschiedenen Andachtsformen, dass eine viel umfassendere Definition des Begriffs Andacht erforderlich ist als eine, die auf eine spezifische Tradition beschränkt und von ihr abhängig ist. Die Traditionen der Andacht in christlichen Kirchen erschöpfen keineswegs die Vielzahl an Formen, in denen Andacht auftreten kann und tatsächlich auch auftritt (nicht einmal innerhalb der christlichen Kirchen). Es muss eine Unterscheidung getroffen werden zwischen den äußerlichen Formen der Andacht (die spezifisch, lokal, regional oder national sein können) und den Zielen der Andacht, die wir als allumfassend bezeichnen können. Das Ziel der Andacht ist, zwischen dem Jünger und der übernatürlichen letzten Instanz (dem Wesen, Objekt, Gesetz, Prinzip, der Dimension, dem „Seinsgrund" oder dem „Anliegen") eine Wechselbeziehung herzustellen (wie auch immer diese höchste Instanz von der Glaubensgemeinschaft, welcher der Jünger angehört, gesehen wird), um das höchste Ziel der Erlösung oder Erleuchtung zu erreichen. Betont man das Ziel als das definierende Element der Andacht, so wird die kulturelle Relativität der verschiedenen Formen der Andacht deutlich. Andacht durch Hinweis auf ihre Zielrichtung zu definieren erleichtert ein Verständnis der verschiedenen Konzepte einer letzten Instanz, die von der Verehrung eines Götzen bis zu transzendentalen Gesetzen reichen. So wird ein Götze als despotische Wesenheit angebetet, die Gunst gewährt oder straft; die Verehrung einer anthropomorphen Gottheit betont eher ein Verhältnis, das auf Vertrauen, aber auch auf Abhängigkeit beruht; die Verehrung hochentwickelter Vorstellungen eines Höchsten Wesens betont weniger die Emotionalität einer Gottheit, sondern vielmehr die Suche nach emotionaler Harmonie in Übereinstimmung mit allgemeineren ethischen Prinzipien; die Verehrung einer gänzlich abstrakten äußersten Wahrheit oder Dimension oder eines absoluten Gesetzes stellt die Verbreitung von Weisheit, das Erreichen von Erleuchtung und die Verwirklichung des vollen Potentials des Menschen in den Vordergrund. All diese verschiedenen spezifischen Glaubensziele können letztendlich als Teil des Strebens des Menschen nach Erlösung angesehen werden, wie auch immer diese Erlösung selbst im einzelnen Glauben definiert sein mag. Die Verehrung der letzten Instanz, des „Seinsgrundes des Menschen", ist, ganz gleich wie sie in der Praxis ausfallen mag, ein allgemeiner Bestandteil vom Respekt vor dem Leben und dem Interesse daran und hängt von keiner spezifisch kulturgebundenen Verhaltensform oder -norm ab.

VIII. VII. Der Niedergang der poetischen Form der Verehrung

In multi-religiösen Gesellschaften muss die Frage, was Andacht und Verehrung sind, abstrakt beantwortet werden, wenn der Vielfalt der Religionen Rechnung getragen werden soll. Die jüngsten und bestehenden Trends innerhalb der Religion sind eher auf ein abstraktes und universelleres Konzept ausgerichtet. Das gilt nicht nur für bedeutende Theologen und den Klerus, sondern kann auch in vielen neuen religiösen Bewegungen beobachtet werden. In einem von Wissenschaft und Technik geprägten Zeitalter tendiert der Mensch dazu, Gottheit oder letzte Instanz eher in Begriffen zu verstehen, die im Einklang mit wissenschaftlicher und technologischer Erfahrung stehen, selbst wenn diese neue Sprache und Konzeption im Gegensatz zur traditionell poetisch-bildlichen Darstellungsweise steht, die einst typisch für religiöse Ausdrucksformen war. Diese poetische Form der Andacht tritt nicht nur bei neuen

Bewegungen immer mehr in den Hintergrund, sondern auch in den sogenannten etablierten Kirchen, was man am Beispiel der liturgischen Reformen in der römisch-katholischen Kirche nach dem II. Vatikanischen Konzil sieht sowie daran, dass das Book of Common Prayer in der anglikanischen Kirche durch eher prosaische, volkstümliche und umgangssprachliche Ausdrucksformen ersetzt wurde. Außerhalb dieser Kirchen, in Bewegungen, die sich nicht verpflichtet fühlen, der Tradition auch nur in rudimentärer Form Rechnung zu tragen, erfreute sich die Schaffung einer neuen Sprache und neuer liturgischer Formen sogar noch größerer Freiheit. Zu diesen Bewegungen gehört Scientology.

VIII. VIII. Kommunikation als Andacht

Scientology hat ein gänzlich abstraktes Konzept des Höchsten Wesens, nämlich das der Achten Dynamik. Scientologen versuchen, ihr Bewusstsein und ihr Verstehen zu erweitern, um alle Ebenen des Seins zu erfassen, mit dem Ziel, das Überleben des Höchsten Wesens, der Unendlichkeit, zu unterstützen und Teil davon zu werden. Scientologen verehren das Leben und erkennen Gott als den höchsten Grund des Seins an, doch diese Tatsache beinhaltet keine spezifischen Verhaltensformen, die auch nur annähernd den

Handlungen ähneln, die in traditionellen christlichen Kirchen als „Andacht" bezeichnet werden. Scientology ist eine Bewegung, in der Menschen mit verschiedenem religiösem Hintergrund Aufnahme gefunden haben. Sie betont neue Konzepte von Schöpfung, dem Sinn des Lebens und Erlösung. Die Lehren von Scientology stützen sich auf verschiedenste Traditionen großer Religionen und orientieren sich an umfassenden wissenschaftlichen Prinzipien. Es ist daher nur angemessen, dass die Theorien von Scientology abstrakt und universell ausgedrückt werden und dass die Vorstellungen von Andacht ebenfalls dieser Sichtweise folgen. Die allgemeine Position wurde wie folgt angegeben: „In der Scientology definieren wir Verehrung in Bezug auf Kommunikation. Eine wirkungsvolle Form der Verehrung wäre bei jemandem zu finden, der sich in der Lage sieht, die Distanz zum Höchsten Wesen durch Kommunikation zu überbrücken." [Scientology als eine Religion, Seite 30].

Der Kernpunkt in Scientology ist Verstehen durch Kommunikation, Kommunikation sowohl mit der eigenen Vergangenheit des Thetans als auch mit der Umwelt. In diesem Sinne können Parallelen zur Kommunikation gezogen werden, die in der christlichen Andacht stattfindet, die Kommunikation, die der Einzelne durch das Gebet mit der Gottheit und in der Eucharistie herzustellen versucht, wo er tatsächlich ein „Kommunikant" ist, wie die traditionellen Kirchen es ausdrücken. Der Zweck ist zum Großteil derselbe – die Reinigung des Individuums, die Rehabilitierung seiner Seele als Teil eines längeren Erlösungsprozesses. Bei Scientology gibt es zwei fundamentale Formen dieser Kommunikation – Auditing und Ausbildung.

Auditing ist eine Kommunikation des Individuums mit seiner (des Thetans) Vergangenheit, wobei der Auditor und das E-Meter als Mittler dienen. Auditing ist im Grunde ein Prozess, das Individuum in bessere Beziehung mit seinem wahren und ursprünglichen Selbst zu bringen; in diesem Sinne versucht das Auditing, einen Kontakt zwischen dem Individuum und einer grundlegenden Spiritualität herzustellen.

Die Ausbildung in den Scientology Schriften ist Kommunikation mit den fundamentalen Wahrheiten und dem Seinsgrund. Das Individuum versucht, durch größeres Verstehen bessere Kommunikation mit seinem grundlegenden Selbst, mit anderen und dem gesamten Leben zu erlangen. Auch diese Handlungen weisen charakteristische Elemente der Verehrung auf, selbst wenn Aspekte wie die Anbetung (einer Gottheit), herkömmliche Besänftigungsversuche und das althergebrachte Anflehen einer Gottheit in diesem modernen Kontext als überholt betrachtet werden.

VIII. IX. Das Ziel des Überlebens in der Scientology

Der Schlüsselbegriff, der den Zweck der Andachten darlegt, die in einer Scientology Kapelle abgehalten werden, heißt „Überleben", ein Konzept, auf das in der Scientology Literatur wiederholt besonderer Wert gelegt wird. „Überleben" ist jedoch lediglich ein modernes Synonym für das alte religiöse Konzept der „Erlösung"; und Erlösung ist der Hauptzweck der Andacht in allen Religionen, der Herstellung einer Beziehung zwischen der mächtigen Gottheit und dem abhängigen Gläubigen, die in der Verringerung oder Beseitigung von Unglück und schlechter Erfahrung und in zunehmendem Glück resultiert und letztlich im Glück des ewigen Lebens kulminiert. Scientology beschäftigt sich mit der Erlösung des Thetans, seiner Befreiung von der Bürde der Materie, der Energie, des Raums und der Zeit, und kurzfristiger mit seiner Fähigkeit, physische Einschränkungen und die Unbill des täglichen Lebens zu überwinden. Der Thetan, also die das Menschliche transzendierende Essenz oder die Seele, existierte bereits vor dem physischen Körper und hat Aussicht, ihn zu überleben. Dieses Überleben ist letztendlich an das Überleben der Achten Dynamik, des Höchsten Wesens, gekoppelt, und an die Scientology Dienste Auditing und Ausbildung, mit dem Ziel, das Bewusstsein für diese äußerste

Wahrheit zu erhöhen. Die Praktik ist daher für die Teilnehmer eine Gelegenheit, ihr Erkennen des Übernatürlichen zu erneuern und zu verstärken. In dem umfassenden Sinn, den wir oben dargelegt haben, handelt es sich dabei um eine Gelegenheit zur Andacht und Erleuchtung.

VIII. X. Auditing und Ausbildung

Die Kernaktivitäten von Scientology sind Scientology-Auditing und -Ausbildung. Dies sind die Mittel zu spiritueller Befreiung. Nur durch sie kann der Thetan – das heißt das Individuum – befreit werden und den spirituellen Zustand von „Ursache" über das Leben und die materielle Welt erlangen. Auditing, in dem das Individuum seinen in der Vergangenheit erfahrenen Schmerz und seine Traumata konfrontiert, hilft ihm, Kontrolle über sein eigenes Leben zu erlangen, und befreit ihn von den irrationalen Impulsen des reaktiven Verstandes. Man kann daher sagen, dass sich der Preclear mit Auditing auf die spirituelle Suche nach der Erlösung begibt, deren positive Auswirkungen sich ansammeln und schließlich zu einem Zustand führen, in dem der Thetan nicht mehr durch materielle Zustände (MEST) „enturbuliert" wird. Eine solche spirituelle Suche mit dem Ziel der Erlösung ist das höchste Anliegen aller fortgeschrittenen Religionen, auch wenn die äußeren Erscheinungsformen und die Doktrinen voneinander abweichen.

Ausbildung soll jedem Weisheit kommunizieren, der nach Erleuchtung strebt, sowie allen, die anderen bei ihrer Suche nach Erlösung helfen. Diese Prozesse implizieren die Forderung, dass das Individuum seinen vergangenen schmerzlichen Erfahrungen ins Auge sieht und die Tendenz überwindet, die Schuld an eigenem Versagen auf andere abzuwälzen. Die Ausbildung hierzu wird durch eine Reihe hierarchisch aufgebauter aufeinanderfolgender Kurse erworben, in denen der Studierende Auditing-Techniken erlernt und perfektioniert, die nach scientologischer Überzeugung bei jedem Preclear wirksam sind, wenn einmal der entsprechende Standard in der Anwendung erreicht ist. Die Ausbildung ist sehr intensiv, und jeder, der die konzentrierte Hingabe der Kursstudenten beobachten konnte (ich hatte bei meinen Besuchen der Scientology Kirche in Saint Hill Manor dazu Gelegenheit), kann nicht umhin, von der Zielstrebigkeit und dem Lerneifer, den sie an den Tag legen und die natürlich Ausdruck religiösen Engagements sind, beeindruckt zu sein.

VIII. XI. Der Irrtum von Segerdal

Scientology ist eine Religion, deren Organisation sich nicht in erster Linie entlang der traditionellen Linien einer Kirchengemeinde bewegt. Zu einer Zeit, in der die etablierten Kirchen angesichts der zeitgenössischen Kommunikationsrevolution die Beschränkungen im Hinblick auf die Struktur einer Kirchengemeinde zu erkennen beginnen und anfangen, mit anderen Mustern der Verehrung zu experimentieren, hat Scientology bereits ein neues und intensiveres Verfahren spiritueller Dienste. Die Eins-zu-Eins-Beziehung, die das Auditing verlangt, und das intensive System der Ausbildung von Auditoren bilden ein Muster der Fürsorge für den spirituellen Fortschritt jeder bestimmten Person, die – was den seelsorgerischen Aspekt betrifft – alles übertrifft, was von konventionellen Formen der Fürsorge von Kirchengemeinden angeboten werden könnte.

Im Gegensatz zum allgemeinen Verständnis muss der Status von Scientology Praktiken als Andacht in den Gerichtshöfen noch angesprochen werden. In einem frühen Fall, Regina v. Registrar-General Ex parte Segerdal and Another, 1970, war die zentrale Frage, ob ein Gebäude der Scientology Kirche, das es in East Grinstead gab, als „Ort der Begegnung für religiöse Andacht" qualifizierte, und zwar aufgrund dessen, ob die Dienste der Kirche, die dort abgehalten werden, den Kriterien entsprachen, an denen festgehalten wurde, um zu bestimmen, was eine Andacht ausmacht. Diese Dienste bestanden aus solchen Zeremonien wie wöchentliche Predigten und anderen Versammlungen, Taufen, Beerdigungszeremonien und Hochzeitszeremonien. Obwohl in diesem Fall Lord Denning verfügte, dass diese bestimmten Dienste keine Andacht ausmachten, so ist es Tatsache, dass der Kern der religiösen Praktiken in der Scientology Kirche in den Verfahren des Auditings und der Ausbildung liegen. Für Scientologen findet Andacht bei diesen Tätigkeiten statt – als Kommunikation mit der spirituellen Realität –, nicht bei den Diensten, die vom Gerichtshof in Segerdal angesprochen wurden. Natürlich entsprechen diese Andachts-Aktivitäten vielleicht nicht dem Modell, das von den Gerichten angesprochen wurde, welche christliche Andachten im Sinn haben, denn es ist keine Ehrerbietung für eine Gottheit, sondern es ist Andacht in dem Verständnis seiner Praktizierenden.

Es ist offensichtlich aus dem, worauf bisher hingewiesen wurde (Abschnitte VIII.I.–VIII.VI.), dass keinesfalls alle Religionen ein Höchstes Wesen postulieren. Im Segerdal-Fall nahm Lord Denning Bezug auf den Buddhismus als Ausnahme vom Prinzip, für das er sich einsetzte, und sagte, dass es vielleicht andere Ausnahmen geben könnte. Warum sollte Scientology nicht eine von ihnen sein? Wenn es Ausnahmen gibt, ist dann nicht der Grundsatz selbst in Frage gestellt und die Definition, die verwendet wird, daher ungültig? Die Tendenz, trotz der Diskussion über Ausnahmen wieder die Betonung auf ein Höchstes Wesen als notwendiges Element in einer Andacht zu legen, zeigt, in welchem Umfang kulturell bedingte Annahmen trotz gegenteiliger Beweise aus anderen Kulturen weiterbestehen. In der Tat erkennt die Scientology natürlich ein Höchstes Wesen an, sieht diese Entität aber als etwas an, das man sich nicht leicht vorstellen kann und mit dem Kommunikation in diesem Stadium der Aufklärung des Menschen selten ist. Während Scientology ein Höchstes Wesen postuliert, wird nicht angenommen, dass die Menschen normalerweise den Anspruch einer umfassenden Kenntnis dieses Wesens erheben können. Das an sich deutet auf eine Form der Demut hin, die manchmal in Religionen fehlt, bei denen die Menschen ermutigt werden, sich anzumaßen, den Willen und die Gesinnung Gottes zu kennen.

In Anbetracht dieses begrenzten Verständnisses des Höchsten Wesens sind die Einstellungen der Abhängigkeit, die im Christentum gebräuchlich sind, zusammen mit dem Flehen, der Verehrung, dem Lob und der Fürbitte nicht mehr angemessen. Sie wären nicht weniger angemessen für Christen, welche die Beschreibungen gebilligt haben, die von modernen Theologen vorgelegt wurden und das Höchste Wesen definieren (siehe Abschnitt IV.II.). An Ehrerbietung mangelt es nicht unter Scientologen, welche die Schöpfung selbst als Objekt der Verehrung sehen; aber ohne einen Gott, der in anthropomorphen Begriffen verstanden wird, sind die Elemente und Form der Verehrung, wie man sie in der jüdisch-christlichen Tradition findet, nicht anwendbar. Wenn die Essenz der Verehrung als ihr Zweck und Ziel angesehen wird anstatt ihre äußeren Formen, ist es nicht schwer, die scientologischen Praktiken als Form der Verehrung anzusehen.

IX. Die Begutachtung der Scientology von Akademikern

IX. I. Akademische Beurteilungen dessen, was Religion ausmacht

Akademische Beurteilungen dessen, was Religion ausmacht, gründen sich letzten Endes auf die Beobachtung des menschlichen Verhaltens: Die beobachtbaren Phänomene stellen die geeigneten empirischen Beweise zur Verfügung, um die Indizien für Religion festzulegen, so wie sie praktiziert wird. Die Entwicklung der akademischen Fachbereiche, die sich der Sachlichkeit, Distanziertheit und ethischen Neutralität verpflichtet haben, und der Niedergang des Einflusses normativer Methoden (wie sie typischerweise in der Theologie gefunden werden) haben neue Grundlagen für die Beurteilung dessen geschaffen, was Religion ausmacht.

IX. II. Der religiöse Status der Scientology, wie er von Akademikern beurteilt wird

Akademische Soziologen, in deren Bereich das objektive Studium religiöser Bewegungen fällt, erkennen Scientology als Religion an. Ein Essay über Scientology ist in Religiöse Bewegungen im zeitgenössischen Amerika, Irving I. Zaretsky und Mark P. Leone (Englewood Cliffs, N.J.: Prentice-

Hall, 1973), in dem der Autor sich zweifelsfrei auf Scientology als Religion bezieht. In einer Arbeit, herausgegeben von der britischen Soziologin Eileen Barker, Von Göttern und Menschen: Neue religiöse Bewegungen im Westen (Macon, Georgia: Mercer University Press, 1983), wird Scientology in drei von vier Dokumenten, die dieser bestimmten Bewegung Aufmerksamkeit widmen, unproblematisch als Religion behandelt. In der vierten Schrift (Teilnahmequoten in neuen religiösen und para-religiösen Bewegungen von Frederick Vogel und William Reimer von der Concordia University in Montreal) wird Scientology en passant als eine neue Therapie-Bewegung und vorbehaltlos als para-religiöse Bewegung bezeichnet. Doch die Autoren sagen über Scientology und einige andere Gruppen, dass sie einbezogen wurden, „weil sie in ihrer Symbolik und ihrem Ritual in auffallend ähnlicher Weise versuchen, im Inneren jeder Person einen Speicher von heiliger Macht entstehen zu lassen ...“ (Seite 218). In einem anderen Werk, das ebenfalls von Eileen Barker herausgegeben wurde, Neue Religiöse Bewegungen: eine Perspektive, um die Gesellschaft zu verstehen (New York: Edwin Mellen Press, 1982), wird Scientology nur kurz von einigen der verschiedenen Autoren erwähnt, aber nirgends gibt es irgendeinen Hinweis, dass Scientology etwas anderes als eine religiöse Bewegung sei, und sie ist im Anhang des Bandes in einem Glossar der neuen religiösen Bewegungen enthalten.

In einer kurzen Studie vom Verfasser der vorliegenden Abhandlung [Bryan Wilson, Religiöse Sekten (London: Weidenfeld, und New York, MacGraw Hill, 1970)], die dem Sektenwesen gewidmet ist und eine Klassifizierung der Arten von Sekten präsentiert, war Scientology einbezogen: Ich betrachtete sie (und tue es immer noch) unbestreitbar als eine religiöse Gruppe.

In dieser Arbeit wurde Scientology soziologisch als vom ähnlichen Typ wie die Christian Science, die Theosophie, die Aetherius-Gesellschaft und diverse New-Thought-Bewegungen eingestuft (wie z. B. die Church of Religious Science, die Unity School of Christianity und die Divine Science).

Im Jahre 1990 habe ich ein Buch veröffentlicht, Die gesellschaftlichen Dimensionen des Sektenwesens (Oxford: Clarendon Press), eine Sammlung von Studien der verschiedenen Sekten und neuen religiösen Bewegungen. Ein Kapitel mit dem Titel „Scientology: eine säkularisierte Religion" wurde speziell der Frage gewidmet, ob Scientology als eine Religion betrachtet werden könnte, und kam zu dem Schluss, dass Scientology tatsächlich als eine Religion anerkannt werden sollte und als eine, die Begriffe und Regeln umfasst, die mit der verweltlichten und vernunftmäßigen Gesellschaft übereinstimmen.

In den neueren soziologischen Studien wird der gleiche Standpunkt vertreten. Daher zögert Dr. Peter Clarke, Direktor des Zentrums für neue Religionen am King's College, London, nicht, wenn er beim Beurteilen der Größe und des Wachstums von neuen religiösen Bewegungen in Europa in seinem Buch Die neuen Evangelisten (London: Ethnographica, 1987) die Scientology als eine Religion einbezieht. In seinem Buch Kult Kontroversen: gesellschaftliche Reaktionen auf die neuen religiösen Bewegungen (London: Tavistock, 1985) verwendet Professor James A. Beckford, jetzt Professor für Soziologie an der Universität Warwick – als Geste gegenüber öffentlicher Voreingenommenheit – den Begriff „Kult", aber er tut dies erst, nachdem er jegliche negativ besetzten Verbindungen in dieser Verwendung von sich gewiesen hatte. Noch wichtiger ist jedoch die Tatsache, dass er ohne jede Einschränkung bestätigt, dass Scientology eine Religion ist. Er schreibt: (Seite 12): „Soziologen [sind] in Nichtübereinstimmung über die passende Bezeichnung für religiöse Gruppen, wie zum Beispiel die Vereinigungskirche, Scientology, die Gotteskinder und die Internationale Gesellschaft für Krishna-Bewusstsein ..." Die Nichtübereinstimmung bezieht sich darauf, ob diese Bewegungen als Sekten, Kulte oder einfach als neue religiöse Bewegungen bezeichnet werden sollen – aber Beckfords Erörterung lässt den Leser in keinem Zweifel darüber, dass es sich bei allen um Religionen handelt.

Die autoritärste von allen, Professorin Eileen Barker der Londoner Schule für Wirtschaft und Gründerin und ehemalige Direktorin von INFORM (Information Network Focus on New Religious Movements), einer Organisation, die direkt vom Innenministerium finanziell unterstützt wird, schrieb ein Buch, Neue religiöse Bewegungen: eine praktische Einführung (London: Her Majesty's Stationery Office, 1989), ausdrücklich mit der Absicht, die Öffentlichkeit (und insbesondere die Verwandten von Übergetretenen) mit genauen Informationen über neue Religionen zu versorgen und damit, wie man mit ihnen umgeht. In diesem Werk ist es für sie selbstverständlich, dass Scientology als Religion Teil seines Themas ist (Seite147), und sie führt die Scientology Kirche in einer Anlage auf, in der etwa 27 neue religiöse Bewegungen beschrieben sind.

IX. III. Ist Scientology eine Religion? – Professor Flinn

In einer Sammlung von wissenschaftlichen Aufsätzen, herausgegeben von dem jesuitischen Soziologen Professor Joseph H. Fichter, S. J., von der Loyola-Universität, New Orleans (Alternativen zu den amerikanischen Mainline-Kirchen, New York: Rose of Sharon Press, 1983), beschäftigt sich Frank

K. Flinn, jetzt Außerordentlicher Professor in Religionswissenschaft an der Washington University, St. Louis, Missouri, direkt mit der Frage des religiösen Status der Scientology in allen Einzelheiten. Er bedenkt als Erstes den religiösen Status von Dianetics:

Viele Kommentatoren behaupten, dass Scientology eine geistige Therapie ist, die als Religion verkleidet ist. Der springende Punkt bei der Frage ist jedoch, ob man Therapie von Religion oder überhaupt von Philosophie durch eine starre Regel trennen kann. Das Wort therapeuo (heilen, kurieren, wiederherstellen) kommt im Neuen Testament häufig vor und verweist auf geistige wie auch körperliche Heilungen durch Jesus von Nazareth ...

Während die Dianetics religiöse und spirituelle Tendenzen hatte, war es noch keine Religion im wahrsten Sinne des Wortes ... Dianetics versprach nichts, was als „transzendentale" Belohnungen bezeichnet werden könnte, als das normale Ergebnis ihrer Therapie. Sie hat jedoch einen „trans-normalen" Belohnungsfaktor ... Zweitens wurden in der zweiten Phase der Dianetics Bewegung Engramme bis frühestens zur Entwicklungsstufe des

Fötus zurückverfolgt ... Drittens hatte die Dianetics nur vier „Dynamiken" oder „Dränge zum Überleben" – Selbst, Sexualität, Gruppe und Menschheit ... Viertens hatten die Auditing-Techniken in der Dianetics Phase [nicht] das „E-Meter" verwendet.

Es gab viel Debatten darüber, wann Scientology begann, eine Religion zu sein. Man kann auf die amtlichen Eintragungspapiere des Hubbard Scientologen-Verbandes in Phoenix, Arizona, im Jahre 1952 hinweisen, und dann auf die Errichtung der Gründungskirche der Scientology im Jahr 1954. Die rechtliche Körperschaftsurkunde sagt uns allerdings nicht, wann ausdrücklich religiöse Vorstellungen im Selbstverständnis der Kirche Gestalt annahmen. Diese Debatten erinnern an die Auseinandersetzungen des 19. Jahrhunderts darüber, wann das Christentum begann: zu Lebzeiten Jesu? Zu Pfingsten? Durch den Dienst von Paul und den Aposteln? (Seiten 96–97)

Flinn zieht dann die vier oben genannten Faktoren im Übergang von der Dianetics zur Scientology in Erwägung und bemerkt, dass der erste Faktor, der

Wechsel zu transzendentalen Zielen, sich durch den Übergang vom Ziel „Clear" zu dem Ziel, den „Operating Thetan" zu etablieren, kennzeichnet, und er fügt hinzu: „Der Begriff ‚Thetan' bezieht sich nicht mehr auf einen geistigen Zustand, sondern ist analog zu dem christlichen Begriff von ‚Geist' oder ‚Seele', der/die unsterblich ist und oberhalb von sowohl Gehirn als auch Verstand steht." (Seite 98) Zweitens wurden Engramme jetzt auf frühere Leben bezogen. Drittens wurden neue Dynamiken hinzugefügt, wozu das Überleben von Tieren, das materielle Universum, der Geist und die Unendlichkeit gehören. Und viertens wurde das E-Meter eingeführt, von dem er sagt: „Aus der Perspektive, die ich nahelege ... wird die Verwendung des E-Meters besser als ein ‚technologisches Sakrament' gesehen. Genau wie Christen ein Sakrament (z. B. die Taufe) als ein ‚nach außen gekehrtes und sichtbares Zeichen von nach innen gekehrter oder unsichtbarer Gnade' definieren, so sehen Scientologen das E-Meter als externes und sichtbares Anzeichen für einen internen und unsichtbaren Zustand (‚Clear')." (Seite 99)

Flinn fügt diesen weiteren Kommentar hinzu:

> Das Wort Religion ist abgeleitet von religare, was bedeutet ‚wieder zu verbinden'. Das führt mich zu der umfassenden Definition von Religion als einem System von Glaubenssätzen,

ausgedrückt in Symbolen, das die Leben von Einzelpersonen und/oder Gruppen miteinander verbindet, was sich in einer Reihe von religiösen Praktiken (Ritualen) äußert und welches durch eine organisierte Lebensweise aufrechterhalten wird. Die Glaubensanschauungen, Praktiken und die Lebensweise verbinden die Leben von Menschen miteinander, um ihrem Dasein einen höchsten Sinn zu geben. Während alle Religionen rudimentäre Elemente aller drei Aspekte haben, betonen einige zum Beispiel das organisatorische System oder die Lebensweise mehr als das Glaubenssystem oder die rituellen Praktiken. In der Scientology sehen wir ein Beispiel für eine Gruppe, die mit religiösen Praktiken (Auditing-Techniken) begann, schon bald eine starke kirchliche Struktur entwickelte und erst dann ihr Glaubenssystem zu einem Glaubensbekenntnis formalisierte. Dies bedeutet nicht, dass das Glaubenssystem nicht bereits in den früheren Phasen der Entwicklung der Kirche schlummerte. Es war einfach nicht systematisch in einer formellen Art kodifiziert, [wie es] die organisatorische Technologie von Anfang an war. (Seiten 104–105)

Mit „starker kirchlicher Struktur" meint Flinn die allgemeine Organisation der Scientology, ihr System hierarchisch angeordneter Kurse und Auditingverfahren.

BRYAN R. WILSON

X. Scientology und andere Glaubensrichtungen

DAS SYSTEM SCIENTOLOGY
Eine Analyse und ein Vergleich ihrer religiösen Systeme und Lehren

X. I. Einige Ähnlichkeiten von Scientology und anderen Glaubensrichtungen

Die Scientology unterscheidet sich in ihrer Ideologie, Praktik und Organisation stark von den traditionellen christlichen Kirchen und den von ihnen abgespaltenen Sekten. Bei einer allumfassenden Betrachtungsweise jedoch, wie sie in einer multikulturellen und multireligiösen Gesellschaft vorherrschen muss, ist es offensichtlich, dass die Scientology in allen wesentlichen Punkten eine Stellung einnimmt, die anderen Bewegungen, die unbestreitbar zu den Religionen zu zählen sind, sehr ähnlich ist. Ideologisch gesehen weist sie wesentliche Ähnlichkeiten mit der Sankhya-Schule des Hinduismus auf. In ihren Gemeindeaktivitäten, die eine weit weniger zentrale Bedeutung haben als in Nonkonformisten-Bewegungen, werden dennoch Punkte betont, die denen einiger Nonkonformisten-Gruppen nicht unähnlich sind. Ihre soteriologischen Ziele sind ganz entschieden metaphysisch und ähneln in gewisser Hinsicht denen der Christlichen Wissenschaft.

X. II. Doppelmitgliedschaft

Ein hervorstechendes Merkmal der Scientology ist, dass ihre Mitglieder bei einem Beitritt andere religiöse Überzeugungen und Mitgliedschaften nicht aufgeben müssen. Daraus könnte man schließen, dass die Scientology sich damit zufrieden gibt, lediglich eine zusätzliche oder ergänzende Reihe von Überzeugungen und Bräuchen zu sein, aber solch eine Schlussfolgerung wäre nicht gerechtfertigt. Ich habe sowohl mit hohen Kirchenvertretern als auch mit einzelnen Scientologen über diesen Aspekt der Scientology gesprochen und von ihnen erfahren, dass die ausschließliche Zugehörigkeit zu ihrer Bewegung zwar nicht erforderlich ist, jedoch in der Praxis entsteht. Gemäß ihrer Aussagen gibt man unweigerlich seinen früheren Glauben auf, wenn man sich mehr und mehr mit Scientology befasst. Zum Beispiel habe ich die Erfahrung gemacht, dass ein Jude, der Scientologe wird, zwar aus kulturellen Gründen seine Mitgliedschaft zum Judentum beibehält und jüdische Feiertage mit der Familie und Freunden feiert, doch glaubt er nicht an die jüdische Theologie und praktiziert sie nicht. Aus meiner Sicht als Wissenschaftler erscheint mir diese Erklärung richtig zu sein. Scientologen betrachten ihren Glauben als eine vollständige Religion, die von ihren Mitgliedern Hingabe verlangt.

Während Ausschließlichkeit der religiösen Bindung ein Merkmal der jüdisch-christlich-moslemischen Tradition ist und Doppel- oder Mehrfachmitgliedschaften nicht toleriert werden, ist dies bei Weitem kein universelles Prinzip für

Religionen. Die meisten Zweige des Hinduismus und Buddhismus fordern diese Ausschließlichkeit nicht. Der Buddha hat nicht die Anbetung einheimischer Götter verboten. Der Hinduismus toleriert mehrfache Religionszugehörigkeiten. In Japan zählen sich zahlreiche Menschen sowohl zu den Buddhisten als auch zu den Schintoisten. Die Symbiose von Religionen ist ein wohlbekanntes Phänomen und ist in gewisser Hinsicht auch im Christentum vorgekommen (z. B. das Tolerieren von Spiritualismus oder der Pfingstgemeinde durch anglikanische Bischöfe, auch wenn diese Glaubenssysteme nicht ausdrücklich in der offiziellen Doktrin erfasst waren). Die Tatsache, dass die Scientology durch das Respektieren von Doppel- oder Mehrfachmitgliedschaften einen vom traditionellen westlichen Christentum vertretenen unterschiedlichen Standpunkt einnimmt, ist kein triftiger Grund, ihr den Status einer Religion zu verweigern.

X. III. *Exoterische und Esoterische Elemente der Scientology*

Das Erscheinungsbild von Scientology in der Öffentlichkeit entspricht nicht unbedingt stereotypen Vorstellungen von Religion. Ihre Literatur lässt sich einteilen in eine weitverbreitete exoterische Literatur und eine esoterische Literatur. Die exoterische Literatur befasst sich hauptsächlich mit den grundlegenden Prinzipien der Metaphysik der Scientology und mit ihrer praktischen Anwendung, um Menschen Hilfe bei der Lösung ihrer Kommunikations- und Beziehungsprobleme zu bieten sowie Intelligenz, Vernunft und eine positive Lebensausrichtung zu fördern. Der eingeschränkte Bereich der esoterischen Literatur, die nur fortgeschrittenen Studenten der Scientology zugänglich gemacht wird, bietet sowohl eine vollständigere Darstellung der Metaphysik der Religion als auch fortgeschrittenere Auditing-Techniken. Diese Schriften legen im Detail die Theorie von Theta (den ursprünglichen Gedanken des Geistes) dar und dessen Niedergang durch seine Verstrickung in das materielle Universum aus Materie, Energie, Raum und Zeit im Laufe vieler Leben, und sie zeigen, wie der Mensch übernatürliche Fähigkeiten erwerben – genaugenommen wiedererwerben – kann. Nur Scientologen, die schon weit fortgeschritten sind, werden als fähig erachtet, die Wichtigkeit dieser Ausführungen des Glaubenssystems zu begreifen und die höheren Stufen der Auditing-Verfahren vollständig zu verstehen, die in der esoterischen Literatur aufgeführt werden.

Bei der Unterscheidung zwischen exoterischen und esoterischen Lehren ist die Scientology keinesfalls einzigartig unter den Religionen. Basierend auf dem Prinzip von Jesus: „Ich habe euch noch viel zu sagen; aber ihr könnt es jetzt nicht tragen" (Johannes 16:12), und von Paulus, der starken Tobak für erfahrene Gläubige von Milch für Babys unterscheidet (I. Kor. 3:1–3; und Hebräer 5:12–14), haben verschiedene christliche Bewegungen eine Unterscheidung zwischen elementaren und fortgeschrittenen Lehren und Praktiken beibehalten. Die gnostische Tradition im Randbereich des Christentums hatte sich der Erhaltung von esoterischen Doktrinen ausdrücklich verpflichtet, und auch zeitgenössische Bewegungen, die manchmal von Gelehrten als „gnostisch" eingestuft werden, treffen gewöhnlich solche Unterscheidungen. Beispielsweise wird bei der Christlichen Wissenschaft die allgemeine Lehre durch Themen mit vertraulichem Inhalt erweitert, die von hierfür ausersehenen Lehrern in besonderen Kursen für Leute, die anerkannte Praktiker werden wollen, gelehrt werden. Außerdem lässt die Kirche Jesu Christi der Heiligen der Letzten Tage bei ihren besonderen Zeremonien nur solche Mormonen zu, die in gutem Ansehen stehen und von ihrem Bischof eine Genehmigung erhalten, auf der unter anderem vermerkt ist, dass sie ihrer Verpflichtung zur Abgabe von 10 Prozent ihres Einkommens an die Kirche nachgekommen sind; andere dürfen diesen Ritualen nicht beiwohnen. Die der protestantischen Hauptströmung näher stehenden Pfingstler enthüllen oft die volle Bedeutung ihrer Lehre und Praktik der „Gaben des Heiligen Geistes" nur bei bestimmten Gottesdiensten und nicht bei den Versammlungen, die dazu bestimmt sind, die allgemeine Öffentlichkeit zu interessieren. Die Rechtfertigung für eine solche Unterscheidung ist auch ein Prinzip der Ausbildung – fortgeschrittenes Material ist nur für jene verfügbar, die an einer vorhergehenden elementareren Schulung teilgenommen haben, die sie befähigt, ein höheres Niveau aufzunehmen. Diesen Standpunkt vertritt auch Scientology, deren Lehren eine konzentrierte und systematisierte Anstrengung von ihren Studenten verlangen.

XI. Indizien für eine Religion auf die Scientology angewendet

XI. I. Eliminierung kultureller Vorurteile

Bei der Einschätzung neuer religiöser Bewegungen gibt es mehrere ganz bestimmte Schwierigkeiten. Eine besteht darin, dass in den meisten Gesellschaften in Bezug auf Religion die unausgesprochenen Annahmen gelten, die Althergebrachtem und Traditionen eine besondere Bedeutung beimessen.

Religiöses Brauchtum und Erscheinungsbild werden oft mit dem ausdrücklichen Hinweis auf Tradition legitimiert. Innovationen in der Religion werden nicht leicht propagiert oder akzeptiert.

Ein zweites Problem besteht in der stark normativen Haltung der Orthodoxie (besonders in der jüdisch-christlich-moslemischen Tradition), die Abweichungen ächtet und sie auf eine sehr abschätzige Weise beschreibt („Sekte", „Kult", „Nonkonformismus", „Ketzer" usw.)

Ein drittes Problem wird in den vorhergehenden Abschnitten angedeutet, nämlich, dass es denjenigen, die in der Kultur einer bestimmten Gesellschaft und in einer bestimmten religiösen Tradition aufgewachsen sind, besonders schwerfällt, das Glaubenssystem anderer zu verstehen, sich in ihre religiösen Bestrebungen einzufühlen und die

Legitimität ihrer Ausdrucksmittel anzuerkennen. Religiöse Vorstellungen schließen bestimmte kulturelle Vorurteile und eine eingeengte Sichtweise mit ein. Um eine Bewegung wie Scientology zu interpretieren, ist es unabdingbar, dass diese Hindernisse erkannt und überwunden werden.

Das bedeutet nicht, dass man gewisse religiöse Vorstellungen als wahr akzeptieren muss, um sie zu verstehen, doch muss ein bestimmter Bezug hergestellt werden, wenn man den Überzeugungen Andersgläubiger den gebührenden Respekt entgegenbringen will.

XI. II. Die bisherige Diskussion

Die bisherige Diskussion ist notwendigerweise sehr weitreichend und hat viele unterschiedliche Themen angesprochen (Vergleiche mit anderen religiösen Bewegungen eingeschlossen) und einen kurzen Überblick über von Scientologen verfasste Schriften sowie von wissenschaftlichen Kommentatoren verfasste Literatur über Scientology gegeben. Die Geschichte, die Lehren, Praktiken, die religiöse Organisation und moralische Tragweite von Scientology wurden kurz begutachtet, wobei besonders die Aspekte berücksichtigt wurden, die bei der hier vorliegenden Bewertung des religiösen Status der Bewegung am meisten zur Debatte stehen. Eine solche Bewertung, in der viele einschlägige Überlegungen vorgebracht wurden, führt zu der Schlussfolgerung, dass Scientology eine Religion ist. Da wir jedoch den Versuch unternommen haben (siehe Abschnitt II.I. oben), abstrakt verallgemeinernd die Merkmale und Funktionen aufzuzeigen, die in religiösen Systemen weitverbreitet und daher mit großer Wahrscheinlichkeit anzutreffen sind, ist es jetzt angemessen, dieses Modell bewusst als Maßstab für den Anspruch der Scientology, eine Religion zu sein, zu verwenden. Zwischen der von Scientology verwendeten Terminologie und den Spezifikationen des Modells bestehen große Abweichungen, doch trifft dies wahrscheinlich zumindest in gewissem Ausmaß für viele – vielleicht sogar alle – religiösen Bewegungen zu. Es sollte jedoch trotzdem möglich sein, unter Berücksichtigung der Allgemeingültigkeit der angewandten abstrakten Konzepte ohne allzu große Schwierigkeiten oder Anlass zu Meinungsverschiedenheiten das Ausmaß zu erkennen, zu dem die Scientology die Erfordernisse der von uns erstellten Liste möglicher Merkmale erfüllt.

XI. III. Scientology im Lichte der Kriterien für eine Religion

Wir vergleichen jetzt die wesentlichen Merkmale von Scientology mit der in Abschnitt II.I. aufgeführten Liste wahrscheinlicher Merkmale und Funktionen einer Religion. Die Punkte, in denen Scientology übereinstimmt, werden als Übereinstimmung bzw. bedingte Übereinstimmung eingestuft, die, wo keine Übereinstimmung vorliegt, als Nicht-Übereinstimmung bzw. bedingte Nicht-Übereinstimmung, und andere Fälle als Unentschieden.

(a)   Thetans sind eine wirkende Kraft, die die normale sinnliche Wahrnehmung transzendieren. Es ist auch zu vermerken, dass Scientology die Existenz eines Höchsten Wesens bejaht. Übereinstimmung.

(b)   Scientology postuliert, dass Thetans die natürliche Ordnung geschaffen haben. Übereinstimmung.

(c)   Thetans bewohnen menschliche Körper, was einen kontinuierlichen Eingriff in die materielle Welt zur Folge hat. Übereinstimmung.

(d) Thetans wirkten vor dem Verlauf der menschlichen Geschichte, sollen das physikalische Universum erschaffen haben und bewohnen Körper, um Vergnügen, Identität und ein Spiel zu haben. Dies ist jedoch ein unbestimmter Zweck, und das Höchste Wesen wird in Scientology nicht als Wesen mit bestimmten Zwecken dargestellt. Bedingte Übereinstimmung.

(e) Die Aktivitäten von Thetans und die von Menschen sind identisch. Die künftigen Leben des Thetans werden sehr stark davon beeinflusst, inwieweit er sich vom reaktiven Verstand lösen kann. Auch sein gegenwärtiges Leben wird zutiefst davon beeinflusst. Übereinstimmung.

(f) Auditing und Ausbildung sind Mittel, durch die ein Individuum sein Schicksal beeinflussen kann, ganz bestimmt in diesem Leben und in den Leben der Körper, die es später bewohnen mag. Übereinstimmung.

(g) Rituale als Symbolismus im traditionellen Sinn von Andacht (z. B. katholische Messe) sind in der Scientology, genau wie bei den Quäkern, nur minimal und rudimentär vorhanden, aber sie existieren. Um hier jedoch eine konservative

Stellung zu beziehen, betrachten wir diesen Punkt als Unentschieden.

(h) Günstig stimmende Handlungen (z. B. Opfer oder Buße) sind bei Scientology nicht vorhanden. Das Individuum strebt nach Weisheit und spiritueller Erleuchtung. Nicht-Übereinstimmung.

(i) Äußerungen der Hingabe, des Danks, der Huldigung und des Gehorsams an übernatürliche Kräfte sind praktisch nicht vorhanden, mit Ausnahme der in Scientology vorgeschriebenen Zeremonien für die verschiedenen Lebensabschnitte. Nicht-Übereinstimmung.

(j) Obwohl Scientology über eine bestimmte Sprache verfügt, die ein Mittel der Verstärkung von Gruppen-internen Werten darstellt, und die Schriften oder Lehren von L. Ron Hubbard im allgemein gebräuchlichen Sinn des Wortes „heilig" gehalten werden, kann das nicht als in Übereinstimmung mit der fachlichen Bedeutung des Begriffes „heilig", nämlich „Dinge an eigens dafür vorgesehenen Orten und tabu", betrachtet werden. Nicht-Übereinstimmung.

(k)   Feiern oder kollektive Bußen sind keine ausgeprägten Merkmale von Scientology, doch hat die Bewegung in den letzten Jahren eine Reihe von Gedenktagen festgelegt. Unter anderem werden der Jahrestag von Hubbards Geburt und das Gründungsdatum der International Association of Scientologists gefeiert, und es gibt einen Tag, an dem die Auditoren für ihre Hingabe gefeiert werden. Bedingte Übereinstimmung.

(l)   Scientologen führen relativ wenige kollektive Rituale durch, doch stellt die Lehre der Bewegung eine umfassende Weltanschauung zur Verfügung und vermittelt ihren Mitgliedern auf diese Weise einen Sinn für Gemeinschaft und gemeinsame Identität. Bedingte Übereinstimmung.

(m)   Scientology ist keine stark moralistische Religion, doch ist sittliches Verhalten im Laufe der Zeit zu einem wachsenden Anliegen geworden, nachdem die ganze Tragweite ihrer metaphysischen Prämissen erkannt wurde. Seit 1981 wurden die moralischen Erwartungen von Scientologen klar formuliert: Sie ähneln den Zehn Geboten und unterstreichen das bereits seit langem bestehende Anliegen, „Overt-Handlungen" (schädliche Handlungen) zu reduzieren. Die Lehren über den reaktiven Verstand und die Wiedergeburt beinhalten ethische Ausrichtungen, die denen des Buddhismus ähnlich sind. Übereinstimmung.

(n) Scientology legt besonderen Nachdruck auf die Ernsthaftigkeit der Zielsetzung, auf unterstützende Verpflichtung und auf Loyalität gegenüber der Organisation und ihren Mitgliedern. Übereinstimmung.

(o) Die Scientology Lehre der Seelenwanderung erfüllt dieses Kriterium voll und ganz. Für den Thetan entspricht der kumulative reaktive Verstand einer Schuld und diese Schuld kann durch die Anwendung der Techniken von Scientology verringert werden. Übereinstimmung.

(p) Scientology verfügt über Amtsträger, die vorrangig als „Beichtväter" (Auditoren) dienen. Einige von ihnen sind ebenfalls Kapläne, die im Wesentlichen Aufgaben der Seelsorge und der Auslegung haben. Auditoren, Kursleiter und Kapläne (eigentlich alle hauptamtlich aktiven Mitglieder) streben danach, die Theorie und Praxis von Scientology vor Verfälschung zu bewahren. In diesem Sinne sind sie Bewahrer. Übereinstimmung.

(q) Auditoren, Kursüberwacher und Kapläne werden bezahlt. Übereinstimmung.

(r) Scientology verfügt über eine metaphysische Doktrin, die eine Erklärung vom Grund und Zweck des Lebens, eine detaillierte Theorie der menschlichen Psychologie sowie eine Darstellung vom Ursprung und der Funktion des physikalischen Universums bietet. Übereinstimmung.

(s) Die Scientology bezieht ihre Legitimität aus einer Art von Offenbarung durch L. Ron Hubbard. Hubbards eigene Quellen erwähnen unter anderem die überlieferte Weisheit des Orients, doch sein Werk soll fast ausschließlich auf seinen Forschungsergebnissen beruhen. Diese Mischung aus Tradition, Charisma und Wissenschaft ist ebenfalls in anderen modernen religiösen Bewegungen zu finden, insbesondere in der Christlichen Wissenschaft. Bedingte Übereinstimmung.

(t) Der Anspruch auf die Wahrheit einiger der Scientology Lehren ist empirischen Überprüfungen nicht zugänglich, doch soll die Wirksamkeit von Auditing in der Praxis nachweisbar sein. Die Ziele von Scientology sind jedoch abhängig vom Glauben an die metaphysischen Aspekte der Lehre, selbst wenn behauptet wird, dass die Mittel einer empirischen Überprüfung zugänglich sind. Bedingte Übereinstimmung.

XI. IV. Eine Auswertung des Vergleichs

Die vorstehende, auf der Liste möglicher Religionsmerkmale basierende Bewertung von Scientology ergibt elf Punkte, in denen Übereinstimmung besteht, fünf Punkte, in denen bedingte Übereinstimmung besteht, drei Punkte, in denen Nichtübereinstimmung besteht, und einen Punkt, der unentschieden ist.

Man kann natürlich nicht davon ausgehen, dass all diese unterschiedlichen Merkmale und Funktionen einer Religion das gleiche Gewicht haben, und die rein numerische Aufaddierung sollte nicht eine unangemessen mechanische Grundlage für die Bewertung ergeben. Einige der aufgeführten Punkte – z. B. das Vorhandensein bezahlter Spezialisten – sind zwar bei Religionen allgemein üblich, aber nicht darauf beschränkt, und können daher gegenüber anderen Punkten als weniger gewichtig betrachtet werden. In ähnlicher Weise könnte man das bei Religionen übliche günstig stimmende Element als lediglich ein Überbleibsel früherer Muster quasi-magischer Abhängigkeit betrachten, von dem sich die in der jüngeren Vergangenheit gegründeten religiösen Organisationen befreit haben. Während die Mehrzahl traditioneller Religionen die meisten dieser möglichen Merkmale erfüllen würden, würden viele allgemein anerkannte Konfessionen mit einigen von ihnen nicht übereinstimmen.

Wir haben dies bei den Quäkern im Hinblick auf die Andacht und bei der Christlichen Wissenschaft im Hinblick auf die Legitimation festgestellt. Bei den Unitariern würden mehrere Punkte nicht zutreffen – Andacht, Beachtung des Heiligen, traditionelle Auffassungen von Sünde und Tugend und vielleicht auch die Bedeutung der metaphysischen Lehre. Weder die Christadelphianer noch die Quäker würden die Kriterien hinsichtlich religiöser Fachleute oder deren Bezahlung erfüllen.

XI. V. Scientologen betrachten ihren Glauben als Religion

Die Anwendung der vorstehenden Liste sollte nicht den Eindruck erwecken, dass die in diesem Gutachten dargelegten Ergebnisse allein von formalen oder abstrakten Gründen abhängen. Die Liste ist eine Grundlage, auf der empirische Beweise – d. h. beobachtetes Verhalten – bewertet werden. Viele Scientologen haben ein sehr stark ausgeprägtes Gefühl religiöser Bindung. Sie betrachten ihre Überzeugungen und Praktiken als Religion, und viele zeigen einen Grad an Einsatzbereitschaft, der über den unter Gläubigen der traditionellen Kirchen üblichen Grad hinausgeht. In dieser Hinsicht verhalten sich viele Scientologen wie die Mitglieder christlicher Sekten, die im Allgemeinen eine intensivere Hingabe an ihre Religion zeigen als die große Mehrheit von Gläubigen in den etablierten Kirchen und Konfessionen. Als Soziologe sehe ich Scientology als ein echtes System religiösen Glaubens und religiöser Praktik, das bei seinen Mitgliedern tiefes und ernsthaftes Engagement hervorruft.

XI. VI. Kurzer Abriss zum derzeitigen Wandel von Religion

Wir haben festgestellt, dass alle Religionen einen Entwicklungsprozess durchgemacht haben – sie wandeln sich im Lauf der Zeit. Ebenso ist es eine Tatsache, dass Religion per se einem Wandel unterworfen ist. Als ein soziales Produkt übernimmt die Religion viel von der Farbe und dem Charakter der Gesellschaft, in der sie wirkt, und in neueren Bewegungen finden sich charakteristische Merkmale, die in älteren nicht vorhanden waren (zumindest nicht zur Zeit ihrer Entstehung).

Heutzutage lassen neue Entwicklungen in der Religion erkennen, dass viel weniger Wert auf eine postulierte objektive Realität „da draußen" gelegt wird und dass sich das Interesse mehr auf subjektive Erfahrung und psychologisches Wohlbefinden verlagert, d. h. weniger Betonung auf traditionelle Andachtsformen und mehr auf den Erwerb von Gewissheit (was in sich selbst eine Form von Erlösung darstellt) aus anderen Quellen als dem vermeintlichen Trost, der von einem entfernten Erlöser-Gott gewährt wird. Wir können daher erwarten, dass diese Betonung in der Liste, die wir als Modell verwendet haben, offensichtlich wird.

Das Modell spiegelt viele Elemente wider, die sich bis heute in der Religion erhalten haben, die sich aber aus althergebrachten Praktiken herleiten lassen. Neuere Religionen – selbst Religionen, die so alt wie die großen protestantischen Konfessionen sind – werden nicht mit all diesen Elementen übereinstimmen: Sie spiegeln die charakteristischen Merkmale des Evolutionsstadiums wider, in dem sie entstanden sind.

Wir müssen daher berücksichtigen, dass moderne Bewegungen nicht mit allen Punkten unseres (relativ zeitlosen) Modells übereinstimmen. Unter

Berücksichtigung all dieser Gesichtspunkte steht für mich eindeutig fest, dass Scientology eine bona fide Religion ist und dass sie als solche betrachtet werden sollte.

Der Autor

Bryan Ronald Wilson (25. Juni 1926 bis 9. Oktober 2004) ist emeritierter Dozent für Soziologie an der Universität Oxford. Von 1963 bis 1993 war er auch Fellow des All Souls College und wurde 1993 zum Emeritus Fellow gewählt.

Er hat in Großbritannien und Übersee (unter anderem in den USA, Ghana, Kenia, Belgien und Japan) über vierzig Jahre lang Forschungen bezüglich religiöser Minderheitenbewegungen durchgeführt. Seine Arbeit schloss die Lektüre von Publikationen derartiger Bewegungen mit ein und wo immer es möglich war, suchte er persönlichen Kontakt mit ihren Mitgliedern bei ihren Versammlungen und Zeremonien und in ihren Privatwohnungen. Sie beinhaltet außerdem eine ständige Beobachtung und kritische Würdigung der Werke anderer Gelehrter.

Er hat einen akademischen Grad als B. Sc. und den eines Dr. phil. (Doctor of Philosophy) der Universität von London und den M. A. (Master of

Arts) der Universität von Oxford. In Anerkennung der Bedeutung seiner Veröffentlichungen verlieh ihm 1984 die Universität Oxford den Grad eines Doktors der Literatur. 1992 verlieh ihm die Katholische Universität von Louvain, Belgien, den Titel eines Ehrendoktors. 1994 wurde er zum Fellow der Britischen Akademie gewählt.

Zu verschiedenen Zeiten hatte er folgende zusätzliche Ernennungen inne:

◆ Commonwealth Fund Fellow (Harkness Foundation) an der Universität von Kalifornien, Berkeley, USA, 1957–1958

◆ Gastprofessor, Universität von Ghana, 1964

◆ Fellow of the American Counsel of Learned Societies an der Universität von Kalifornien, Berkeley, USA, 1966–1967

◆ Forschungsberater für die Religionssoziologie der Universität von Padua, Italien, 1968–1972

◆ Gast-Fellow bei The Japan Society, 1975

◆ Gastprofessor, Katholische Universität von Louvain, Belgien, 1976; 1982; 1986; 1993

- Snider Gastprofessor, Universität von Toronto, Kanada, 1978

- Gastprofessor in der Religionssoziologie und Berater für Religiöse Studien für die Mahidol
- Universität, Bangkok, Thailand, 1980–81

- Scott Gast-Fellow, Ormond College, Universität von Melbourne, Australien, 1981

- Gastprofessor, Universität von Queensland, Australien, 1986

- Distinguished Visiting Professor an der Universität von Kalifornien in Santa Barbara, Kalifornien, USA; 1987

- In den Jahren 1971–75 war er Präsident der Conférence Internationale de Sociologie Religieuse (die weltweite Organisation für diese Disziplin); 1991 wurde er zum Ehrenpräsident dieser Organisation gewählt, jetzt umbenannt in Société Internationale de Sociologie des Religions.

- Beratendes Mitglied der Society for the Scientific Study of Religion (USA) 1977–1979

◆ Für mehrere Jahre Mitherausgeber des *Journal for the Scientific Study of Religion*.

◆ Sechs Jahre Mitherausgeber von *The Annual Review of the Social Sciences of Religion*.

Er hielt zahllose Vorträge über religiöse Minderheitenbewegungen in Großbritannien, Australien, Belgien, Kanada, Japan und den USA, und gelegentlich in Deutschland, Finnland, Frankreich, den Niederlanden, Norwegen und Schweden.

Er wurde von Gerichten in Großbritannien, den Niederlanden, Neuseeland und Südafrika als Sachverständiger zum Thema Sekten herangezogen und hat für Gerichte in Australien und in Frankreich eidesstattliche Erklärungen als Beweismittel erbracht. Weiter wurde er gebeten, für das Parliamentary Home Affairs Committee des Unterhauses ein Sachverständigengutachten über religiöse Bewegungen zu erstellen.